大都會文化
METROPOLITAN CULTURE

大都會文化
METROPOLITAN CULTURE

大都會文化
METROPOLITAN CULTURE

大都會文化
METROPOLITAN CULTURE

女人30⁺活出幸福的女王人生

序言

跨入30歲的門檻，一夕之間，女人的生活發生了很大的改變。30^{+}女人，不老但也不嫩了，一邊要小心翼翼地呵護青春的尾巴，一邊要戰戰兢兢地應對歲月的剪刀；30^{+}女人，混跡職場都有些年頭了，機會多了，選擇多了，同時阻力也多了，衝勁也小了；30^{+}女人，生活漸漸複雜起來了，有親疏遠近的人際關係需要協調，有各種各樣的生活困擾需要解決。

「三十而立」，男人過了30，必須一路衝刺著去問鼎人生所謂的巔峰，對於生活在這樣一個時代的女人來說，又何嘗不是呢？

有人說，30歲到40歲，是女人一生中最關鍵的十年，是面臨抉擇最多的十年。在這段時間，女人面臨著一個又一個考驗。

第一道考題是生兒育女。與男人相比，女人除了上班討生活，還要照顧孩子。左手薪水，右手奶水，哪個都不能丟。什麼是最佳的教育方法？

什麼是最好的成長環境？「好媽媽勝過好老師」，類似這種咄咄逼人的口號，讓步入婚姻後的30⁺女人近乎抓狂。女人過了30歲，開啟的是自己人生的關鍵時期，也是孩子成長的黃金關鍵時期，一旦錯過都將難以挽回。

第二道考題是當家作主。30⁺女人，無論是主動還是被動使然，都會走上家庭CEO的職位。一個家庭的正常運轉，需要一個舒適的環境，需要一桌可口的飯菜，需要一些合理的規劃，而這些擔子都壓在了女人的肩上。男人決定一個家庭的生活水平，女人則決定這個家庭的生活品質。

第三道考題是駐顏有術。皮膚會衰老，容顏會逝去，思想會落伍，知識會過期。30⁺女人，最可怕的敵人是自己。走下坡的外在美麗，上升的內在氣質，這些都要求女人得對自己狠一點。

考題一道接一道，考驗一個接一個，30⁺女人要調整好自己的心態，勇敢面對這一切。

30⁺女人告別了二十幾歲的狂放不羈和無所畏懼，迎接的將是四十幾歲的滄桑凝重和塵埃落定。站到了人生歷程的重要分水嶺上，未來是跌跌撞撞，還是無限精彩？關鍵是，當下的妳，步入人生另一個階段，走進婚姻的妳，是否正自信的活出自己的女王人生。

目錄

第三章　持家有道，讓家中充滿溫馨和幸福／097

目錄

第五章　擁有自己的個人空間，活出最真實的自我／219

第一章

善待自己，做個健康的 30^{+} 女王

定期體檢，活出一生健康

在一切幸福中，人的健康勝過其他幸福，我們可以說一個身體健康的乞丐要比疾病纏身的國王幸福得多。
——德國哲學家，叔本華

歲月如梭，人生短暫，年過三十的女人，面對激烈的社會競爭、緊張的生活節奏、複雜的人際關係、繁重的家事勞動，如何才能活得精彩？30歲以後，女人首先要善待自己，讓健康常伴自己左右，先成為一個健康的女人，才有可能微笑著面對生活，才能活出自己的風采！

許多女人在結婚後，為了家庭可以說是犧牲了自己的一切，全身心投入到了相夫教子之中，整天忙得團團轉，家裡家外、穿衣吃飯，把老公、孩子伺候得舒舒服服，日子一久，她失去了自己的思考能力，失去了自己的見解，甚至有一些女人還變成了徹徹底底的家庭主婦，更有甚者，還在這忙碌中變得疾病纏身，讓人怎能不為她們感到惋惜和悲哀。

隨著社會經濟的飛速發展和人們生活水準的極大提高，現代女人更應該追求生活品味和生活品質。30歲以後，身為女人不僅要做好社會和家庭角色，更要懂得如何善待自己，讓自己活得更精彩、更健康。

30歲以後，女人想善待自己，就要從健康做起。對於女人來說，健康的飲食習慣尤為重要，而早餐又是其中最重要的，健康營養的早餐可以確保一天的新陳代謝，只有身體的循環正常了，體內才會乾淨，也才會有自然的美麗。平時的飲食要定時定量、不偏不挑、營養全面，垃圾食物要少吃或者不吃，那些東西除了滿足妳的口舌之慾之外，對妳的身體沒有一點好處。定期的全身健康檢查是握在女人手中的護身符，很多女人往往是身體感到不適才去做檢查，結果常常是因此錯過了最佳的治療機會。所以，一定要定期體檢，以對自己的身體狀況有一個清楚的認識。

30歲以後，女人不要為了身材的苗條而過度節食了，如果妳每天攝取的食物不足，就會導致妳身體的新陳代謝減慢，五臟六腑的功能衰退，從而直接影響到妳的身體健康。與其節食傷害自己的身體，還不如參加適當的體育活動，這樣不僅可以讓妳擁有健美的體形，還可以讓妳整個人有活力起來，魅力四射。

30歲以後，女人不要頻繁地化妝，無論多麼高級的化妝品都會或多或少地傷害皮膚。如果因為工作原因，不得不每天都化妝的話，那麼每天晚上的卸妝工作就非常重要了，不要小看這小小的卸妝，這是對妳嬌柔肌膚的保護。有很多人總是把化妝和護膚混為一談，一聽說化妝品對皮膚有傷害，就拒絕護膚，這就大錯特錯了。30歲以後，女人要對皮膚進行養護，選擇保養品時絕對不可貪圖便宜，劣質的保養品不但對妳的皮膚無益，還有可能造成更大的傷害。

30歲以後，女人一定要有自己的興趣愛好，以保持大腦的運動，無論是讀書聽音樂，還是下棋打牌，這些活動都可以促進腦細胞的新陳代謝，從而保證大腦的活躍。

30歲以後，女人要善待自己，從生活的一點一滴做起，活出一份美麗，活出一生健康！

做個漂亮睡美人

會睡的女人美到老。

——藝人伊能靜

30⁺女人，可能看起來很健康，還會經常做美容，經常運動，保持著良好的身材，但是，懂得睡眠的女人，才是真正懂得美的女人。

女人一過三十，歲月像疾馳而來的特快車，看起來雖然還遠，但是聲音已經令人六神無主，當知道青春美貌最終會被碾壓得粉碎，內心的焦慮、緊張無可名狀。其實，不妨沉下心來，好好的睡覺，在睡覺中保養自己、完美自己。

30^{+}女人，或許妳的工作很繁忙，或許家事永遠也忙不完，但是，要學會調整自己的時間分配，讓自己每天有充足的時間休息。因為充足的睡眠能夠消除疲憊，恢復體力，減少臉部皺紋。要保證健康美麗，睡眠一定要充足。30^{+}女人，面對許多的生活壓力，身體的各種機能也在悄然地發生著變化，更應該好好愛自己，不管多大的困擾，都要為睡眠讓步。要知道，沒有睡眠就沒有健康，睡眠是重要的補充血氣的方式。

所有女人都會同意下面這句話：「如果我昨晚睡得很好，今天皮膚就看起來透亮白淨。」這句話對年過三十、生理循環功能已逐漸下降的女人來說，真是一針見血。女人20多歲時，熬幾個夜都不是問題，可年齡一過三十，偶爾熬個夜就立刻「坐收成果」，得用好長時間、好多保養品才能把黑眼圈給請下去。

從前總聽老人家說睡覺能養人，現在信了。睡眠不好真的是破壞美麗的冷酷殺手，想要美麗，就一定要睡得更好。要成為比實際年齡看起來要年輕的女性，保養秘訣很簡單，其中最重要的一點就是：睡眠好，每天保證熟睡七到八個小時左右。

好萊塢著名影星奧黛麗・赫本端莊美麗，她告訴我們所有女人「我數十年如一日保持良好的睡眠，沒有什麼人和事能夠阻止和打擾我的睡眠」；被譽為美容教母的伊能靜有一句口頭禪就是：會睡的女人美到老。充足的睡眠是美麗的前提，良好的睡眠與我們的身心健康有很大的關係。如果睡眠不足，就會使人的血液循環不通暢，影響身體的代謝機能，導致皮膚黯淡無光，整個人看起來也沒有神采。具有良好睡眠的人，總是眼神清澈，皮膚緊緻，渾身上下神采奕奕。

作為女人一定要懂得一些保障睡眠品質的方法，比如睡前不喝茶、咖啡等刺激性強的飲品，可以多吃一些像小米這樣低度興奮的食品，小米中富含色胺酸，它能促使大腦分泌促瞌睡物質，使人產生睏倦感。

30⁺女人，不必害怕這個年齡，做個睡美人吧，讓良好的睡眠成就我們紅潤的臉色，在睡眠中獲得休息，每天清晨，面對升起的陽光美美地伸個懶腰，神清氣爽，還有什麼會令我們不自信的呢？

吃出健康，吃出美麗

全球吃死的人比餓死的人要多得多。

——健康專家趙之心

俗話說「三十而立」。30⁺女人正處於人生最好的時候，無論是經驗、才智還是精力、體力都處於人生的巔峰，職場女性的事業在此時也漸入佳境。然而，在現代社會中，女人要面對太多的責任和壓力，家庭、事業、朋友、社會無一不讓人感到力不從心；同時，人的身體機能和健康狀況此時雖然處於巔峰狀態，可是也從這個時候開始呈現出下坡狀態。不知不覺中，妳的健康已在悄悄地發生變化，妳可曾注意到妳那美麗的眼角出現了第一道魚尾紋？妳可曾注意到妳的皮膚開始變得鬆弛？妳可曾注意到妳的體重在悄然發生變化？妳可曾注意到妳的精氣神不如從前了？

30歲以後，女人一定要善待自己的身體，絕不可以把未來的健康作為今日拚搏的代價。那我們該怎麼做呢？飲食！女人要吃出健康，吃出美麗！《黃帝內經・素問》中有這樣一句話：「毒藥攻邪，五穀為養，五果為助，五畜為益，五菜為充，氣味和而服之，以補益精氣。」從這裡我們就可以看出飲食的重要性。有的女性朋友對味道好、營養價值高的食物情有獨鍾，認為這樣的食物吃得越多越好，殊不知這恰恰進入了飲食的地雷，食物的營養價值固然重要，但也得因人而異，食用方法更是不容忽視。

不要為了口舌之慾而「饑不擇食」，在中醫學中，食物有寒、熱、溫、涼四種屬性，有酸、辛、苦、甘、鹹五味，人又分寒性體質和熱性體質，不同體質的人對食物的屬性和味道又有不同的需求，寒性、涼性食物對熱性疾病有一定效果，味苦的食物能夠清熱解毒；熱性、溫性食物可治療寒性病症，味辛的食物能夠驅寒祛風；鹹味散結，甘味補虛，酸味止瀉。作為女性，應該瞭解這些基本的常識，然後正確識地選擇食物，才能吃出健康來。

30歲以後，女人的飲食應該相對清淡一些，減少食用油膩和重口味的食物，尤其要避免大魚大肉，還要避免暴飲暴食，這樣很容易傷害脾胃，規律用餐、合理搭配的科學飲食習慣才可以提高生命的品質。

30歲以後，女人若是能夠吃得健康，那將是一生受益的事情，最明顯的就是可以保持青春。飲食合理，健康狀況就會很好，皮膚也就會達到化妝品達不到的美麗和健康。有一個笑話說，一個看起來很漂亮的女孩睡著了，一隻蚊子想吸點血，就叮在了她的臉上，結果吸了半天沒吸出一滴血，只吸了一嘴的保養品，蚊子非常失望，又在胳膊和腿處叮，結果吸了半天也沒吸出來，吸的都是防曬乳，後來蚊子感慨地說，吃一口綠色食品可真難啊！這笑話其實就說明了健康美不是靠化妝得來的，我們追求的應該是從內到外的健康美，這就要靠「吃」了。

一生的健康，從「吃」開始起步吧！

讓運動喚醒青春

運動不僅能讓女性的身體更加健美，更能讓女人充滿活力。

在現代社會中，隨著生活節奏的日益加快，女性面臨的壓力也是越來越重，尤其是30歲以後，作為女人，不僅要忙自己的事業，還要兼顧家庭與孩子，這些事讓女性越來越覺得自己身心疲憊，青春不再。因此，感覺自己容顏漸衰的女人們，為了讓自己容顏永駐，把大量的時間和金錢都花在了化妝品上。可是，這些真的能夠讓妳永保青春嗎？那厚厚的粉底能夠掩蓋妳的皺紋，卻無法改變妳那逐漸衰老的肌膚啊！

其實，30歲以後，妳不妨多嘗試一些健身運動。運動不僅可以減少高血壓、乳腺癌、糖尿病等的發病率，還可以幫助女性增強抵抗力，防止潛在病魔的威脅。健康專家就說過，對女性來說，運動給身體帶來的積極作用，遠遠超過了美容。運動，才是讓女人青春無限的絕佳方法。

據一項研究表明，就女性而言，尤其是上班族，經常從事體育運動的女性，在身體和心理方面的健康程度都要比那些不愛運動或極少運動的女性要好。長期從事慢跑運動的女性，死亡率也比同齡女性要低63％。更重要的是，運動可以給女人注入更多的生命力，提高女人的耐力，從而更加健康、更加長壽。

30歲以後，女人由於經常從事繁瑣的家務，大腦時時處於一種疲勞狀態，而適量的運動則可以讓大腦細胞活躍起來，使大腦得到放鬆，從而思維敏捷，變得更加聰明。運動能讓女人燃燒更多的身體熱量，從而減少脂肪含量，保持良好的體形。

運動除了在生理上會給女性帶來好處外，還能夠在心理上幫助女人保持心情的舒暢。因為女人相對於男人來說，比較感性，尤其是30歲以後的女人，對待生活的態度更加敏感，往往因為很小的一件事就會變得消沉鬱悶，而這時，緩解這種情緒的最佳方式就是運動，運動是一種非常有效的精神療法，並且還不易產生副作用。

運動還可以讓女人變得更加自信，更有魅力。經常進行各項運動的女人，一般來講，她們對自己的體態就會比較滿意，她們不會對自己的身形產生悲觀和失望的情緒，不會像不喜歡運動的女性那樣，動不動就受到流行潮流和趨勢的影響。

當然，無論做什麼，都要講求一個適度，運動量並不是越大越好，運動強度也不是越強越好。當我們意識到運動可以健身養生時，還必須把握好這個分寸，過量過強的運動對身體是有害無益的。

由此可見，適度運動對女性的身心健康有很大的幫助，經常運動，可以散發出一種青春的氣息，讓妳青春美麗！

為自己嬌嫩的乳房保駕護航

乳房是偉大的，也是脆弱的。

充滿女性魅力的乳房，是上蒼賜給女人身體十分精緻的禮物，它象徵著女人的陰柔，也是母性的標誌，讓女人自信十足，充滿了魅力。只是女性到了24歲之後，緊繃結實的乳房便開始逐漸鬆弛。30歲以後，彈性程度降低，乳房開始逐漸下垂，這令女人開始恐懼起來，尤其是產後媽媽，乳房下垂的速度更快，彈性亦不再見。更為恐怖的是，稍有不慎，各種乳腺疾病還會找上身來，讓女人痛苦不堪。

30歲以後，女人一定要懂得並學會呵護自己嬌嫩的乳房。很多女人特別關心胸部如何豐滿，如何變堅挺，一心只想著去做什麼「隆胸手術」，卻不太關注乳房的保養。其實，要想妳的胸部堅挺有彈性，保養才是最重要的，保養好了，妳的女性柔美自然也就展現出來了。

30歲以後，女人平時要注意做一些適當的胸部按摩，可以增進胸部血液循環，從而改善胸部脹痛、月經不順等症狀，對乳腺增生也有一定的預防作用。如果在按摩時，再加上一些甘油或橄欖油效果就會更好了，這對乳房皮膚可以起到保濕的作用，能夠分解老化的角質，乳暈的顏色也會變淺。經常按摩胸部，還可以舒緩壓力，使人的精神放鬆、心情愉悅，變得更加自信。

30歲以後，女人要定期到醫院找專業醫生對乳房進行檢查，通過專業儀器排除病變的可能。另外，還要每個月進行一次自我檢查，看看乳房外觀是否正常，大小形狀是否對稱，皮膚有沒有異常皺縮，乳頭有無異常分泌物，顏色是否正常等；摸一摸乳房是否有硬塊，按壓時是否有疼痛感等。如果發現異狀，立刻就醫，去做進一步的檢查，時刻關注乳房的健康。

30歲以後，女人在選擇胸罩時一定要以舒適為主，不要為了胸部有形而委屈妳的嬌柔的乳房。胸罩材質的選擇要以棉質為主，以減少內衣與乳暈之間的摩擦與刺激。科學家發現，世界上80％的女性每天都穿戴著不合適的胸罩，而每天穿戴胸罩超過八小時就更容易患上乳腺癌。為了妳的乳房健康，選擇胸罩時一定要選擇合適而舒適的，並且要定期更換，適時放鬆，記得給妳的嬌乳自由的空間。

30歲以後，女人應該養成運動的習慣。每天運動半小時，可以降低體內荷爾蒙的濃度，從而減少了罹患乳癌的風險。運動還能使肌膚保持彈性，促進血液循環，排除體內毒素，讓胸部肌膚充滿彈性，乳房也會更健康。

30歲以後，女人要學會控制自己的情緒，不要讓自己壓抑，而是要學會放鬆，維持一個好的心情，臨床研究發現，在女性抑鬱症患者中，80％以上患有不同程度的乳腺疾病，並且癌變的幾率是常人的五倍。心情抑鬱若不能得到及時排解，就會淤積在體內，從而引發健康災難。性格開朗、心態積極的人體內免疫蛋白就會很旺盛，從而讓癌細胞無機可乘。30歲以後，女人要規律生活，心態積極，健康飲食，這些都是在為呵護妳的嬌乳保駕護航。妳做到了嗎？

「私密花園」需要精心呵護

人對生理衛生知識的瞭解是一種保健藥品。
——英國哲學家培根

由於女性身體的構建和生理功能，再加上日益加快的生活節奏，女性的身體和心理都承受著巨大的壓力，這使得她們的身心更容易受到傷害。煩躁失眠、皮膚乾燥、月經紊亂時時困擾著她們。據統計，在健康檢查中，70％以上的女性都患有不同程度的婦科疾病；另據一項問卷調查資料顯示，在30多歲的上班族女性中，有27％的人存在著不同程度的隱性更年期現象；另外，女人臉部問題，諸如臉色晦暗、色素沉著、有色斑、有皺紋等，80％以上的原因都是生殖系統出現不健康狀態而引起的。《黃帝內經》中也有記載：女性美麗的源泉，源於胞中。這個胞中指的就是女性的子宮、卵巢、盆腔、陰道等器官，也就是我們平日說的女性私密處了。30歲以後，女人一定要呵護好自己的私密處，只有這樣才能真正地由內而外地散發出美麗的光彩。

愛美是女人的天性，很多女性都渴望能夠挽留青春。殊不知，再昂貴的化妝品也無法掩蓋內在的衰老，妳的「私密花園」才是養生的根源，才是妳保留青春的關鍵。30歲以後，請善待妳的私密處。

30歲以後，女人每兩年都應該到醫院做一次全面的婦科檢查，包括盆腔檢查、子宮頸抹片、超音波檢查等，專業人員、專業儀器可以幫助我們在最早期發現異常，及早治療。另外，女人平時還要進行自我檢查。自我檢查外陰一般來說，包括三步，即「望、聞、觸」。望一望自己的外陰部，看一看分泌物是否正常，如白帶和經血的顏色、清濁和稀稠，從中也能發現一些蛛絲馬跡，正常的白帶是清白顏色的稀薄液體，正常經血是鮮紅色或淺紅色，有人還會有少許的血塊；聞一聞分泌物或外陰部散發的氣味，一般正常的氣味是清淡的腥味、汗酸味或無味。如果出現了腥臭味、腐臭味或特殊的氣味，就可能出現了問題；「觸」指的是用乾淨的食指和中指的「指腹」從「陰阜」部位開始，從上而下，順序按觸外陰，直至肛門，正常觸摸外陰的時候，感覺應是光滑、柔軟的，如果不用力去按，也不會感到疼痛，沒有小的結節或腫塊，就沒有問題，反之，則可能有病。

30歲以後，女人在日常的生活中還要注意下半身的保暖，尤其是秋冬季節，下半身著涼很容易使女性患上子宮虛寒症，引發盆腔炎、子宮內膜異位症、痛經等。很多女性為了追求性感，在秋冬季節仍然穿裙子，腿部只用絲襪來保暖，這種只要風度不要溫度的做法簡直就是在飲鴆止渴。

30歲以後，儘量不要再穿那些緊身的褲子，不要穿那些緊包在腿上的絲襪，女人為了保持下半身血液循環的通暢，最好穿一些寬鬆透氣的褲子、內褲，以保持陰部的乾爽。同時也要儘量少用不透氣的衛生護墊。

不要久坐，下半身缺乏運動會導致盆腔瘀血，對心臟和血管沒有好處，還會導致女性乳房下垂。堅持鍛鍊、加強腰腹肌力量對保持身材、預防盆腔炎等各種婦科病有很大作用，還可以提升性生活品質。30歲以後，為了妳的青春永駐，請好好呵護妳的私密處吧。

學會守護妳的美麗激素

女人漫長的一生都受內分泌所左右，所以調整其正常分泌幾乎是一輩子的「工作」。

膚若凝脂、端莊秀麗的女人是所有男人的致命殺手，而女人的美麗、健康狀況、精神狀態，甚至我們每月的「好朋友」都和我們的內分泌有著不可分割的關係，它是巫師手中的魔杖，有著神秘的力量，它能讓一個女人像一朵枯萎的花朵，也能讓一個女人煥發光采，肌膚如雪，吹彈可破。它是女性美貌和青春的源泉。

很多藝人在螢幕上光鮮亮麗，但有時還是不免會被媒體和觀眾捕捉到他們冒痘痘的一面。從而讓很多人知道了工作壓力會導致內分泌失調，內分泌失調會導致痘痘的出現。然而，30⁺女人的情況又是什麼樣的呢？

30⁺女人，體內激素的分泌量只占巔峰期的85％，人體各個器官組織開始逐漸老化萎縮，皮膚開始黯淡，所以內分泌的作用就變得舉足輕重了。30⁺女人，沉下心來思考，誰動了妳的激素？我們知道，生產後的女性，身體有的會發生很大的變化，比如會變得很胖，在這個以瘦為美的時代，女性首先會選擇減肥，而減肥過程中的過度節食以及減肥藥物的作用，會使身體各方面的機能無法適應，因此引起內分泌失調。還有，生活不規律、運動過度、酗酒等原因都會使我們的內分泌發生變化。

內分泌失調會有哪些外在的表現呢？

當我們覺得失眠、多夢、易疲倦、頭痛；白天注意力不集中，睏倦嗜睡；「好朋友」總是不按時來報到，不是提前就是延遲，來了該離開又拖拖拉拉不走；皮膚日漸鬆弛、粗糙，長色斑；心情莫名煩躁，難於控制自己的情緒等，以上表現妳符合一半以上，對不起，妳的內分泌已經不再正常。

面對我們失調的內分泌，我們應該拿起以下武器來保護自己的美麗。

30⁺女人，不要像小女孩那樣，愛美不怕流鼻水，注意保暖是必要的，不要天冷了，還穿得很單薄。多喝熱飲，常用熱水泡腳，有時間不妨去做個足療，不要讓眼睛只盯在自己的臉部。

多喝豆漿、牛奶，吃一些黃色食品，比如黃豆，它是天然植物性的雌性激素，可以幫助我們進行激素的調整。水果可以吃一些橘子、檸檬、柿子、香蕉等，可以緩解緊張情緒，延緩衰老。

不要熬夜，熬夜對女性造成的危害很大。

適當運動，每天做三十分鐘的有氧運動，可以改善睡眠，減少過量激素，增加心臟的收縮功能。

要會調整自己的情緒，學會給自己減壓。現在的生活節奏快，工作、生活的壓力很大，人經常處於緊張狀態時，就會使內分泌失衡。所以，我們要保持愉快、樂觀的情緒，常懷一顆平常心，努力提高自己的控制能力，為了自己的健康美麗，什麼不快樂都是浮雲。

30+女人，只要快樂、運動、懂得保養，美麗就會伴隨妳一生。

注意保養卵巢

卵巢保養要趁早。

——影星章子怡

不少女人會認為不來月經多輕鬆呀，不必每個月都那麼麻煩了。其實這種想法是嚴重錯誤的。卵巢功能是否正常表示女人是否保持青春，如果卵巢功能過早衰退，表示女人提前進入老齡化。它的衰退會直接導致女人的體貌特徵顯現衰老的跡象，比如皺紋增多、皮膚鬆弛、身體發胖等。可以這樣說，女人能煥發青春活力，卵巢的作用功不可沒。

有人曾這樣打比方：女人身體擁有兩座花園：一座是景觀花園，也就是臉；另一座是秘密花園，即女人的卵巢。通過這個簡單的比喻，不難瞭解卵巢作為女人身體的一個器官是多麼重要！

女人都渴望花園的花繁榮茂盛，並且花朵永遠盛開，不凋謝，她們期待自己能永遠保持新鮮。然而，女人年過三十，身體就開始不斷出現這樣或那樣的問題：皮膚暗瘡叢生，月經失調，婦科問題出現；身體曲線消失，腹部脂肪堆積，像個大梨子；情緒起伏較大，精神狀態不好、經常失眠，等等。

女人出現上述問題的根源就是卵巢功能開始出現衰退。女人的卵巢位於子宮兩側，它的功能就相當於花朵的保鮮劑。它雖然給女性帶來月經這樣的煩惱，但卻具有著許多非常重要的功能，比如製造雌激素等，讓女人更青春、更健康……

女人進入30歲之後，如果卵巢保養得好，臉部皮膚會更加細膩光滑，白裡透紅，彈性十足；它還能調節並分泌雌性荷爾蒙，提高兩性生活品質。瞭解了卵巢具有這樣重要的功能之後，女人就應該對卵巢進行保養，避免它提前進入衰退期。香港明星劉嘉玲在人生重要時刻來臨之前，通過補激素來刺激腦垂體，從而使卵巢分泌荷爾蒙。雖然方法有點急於求成，但是這一番補救措施的確有效，可以看到，婚禮上的劉嘉玲面容姣好，十分年輕。

首先，年過30歲的女人如果處於哺乳期，儘量將哺乳時間延長。另外，儘量不用口服避孕藥的方式來避孕，因為避孕藥直接損害卵巢。在生活習慣方面，年過30歲的女人要堅持經常喝牛奶，多吃魚、蝦，多吃瓜果蔬菜，經常鍛鍊身體。30^+女人還應該注意，儘量少在「菸」霧繚繞的公共場所停留，減少吸二手菸帶來的危害。

其次，不少追求美麗的30^+女人通過練習瑜伽來調節卵巢功能，並逐漸嘗到了甜頭。那麼瑜伽是通過怎樣的方式來對卵巢的保養起作用的呢？瑜伽練習者一邊進行特殊的鍛鍊動作，一邊配合特殊的腹式呼吸，精神狀態同時做出調整，與呼吸和動作相配合，可以加速女性器官的氣血循環，調整激素的分泌，特別是對月經不調、輸卵管不通、盆腔炎等有很好的效果。同時，它還可以鍛鍊人體的腎臟，恢復女性因生產或流產後喪失的「元氣」，使女性由內而外地散發一種青春的氣息，延緩衰老。

但如果30⁺女人不幸卵巢功能早衰，也請一定要接受事實，首先要擺脫心理包袱，注意自我保健，同時，及早去醫院，配合醫生和藥物治療。

懂得防癌知識

女性只要在日常生活中多注意一些健康細節，就可以有效地防止癌症。
——中醫徐小周

30歲以後，女性的身體發育到達人生的巔峰，但也從這時開始走下坡了，乳腺癌、子宮頸癌等讓女人談之色變。其實，妳大可不必如此驚慌，癌症除了遺傳、基因等原因外，大多是由外部環境引起的，只要妳對日常生活細節多加注意，就可以避免癌細胞在不知不覺中侵入妳的身體。醫學專家也說，防癌要從生活中的點滴小事做起，同時也要注意改變自己的不良生活習慣。

保持房間通風，對人們的健康非常有益。長期生活在不通風的房間，空氣混濁，容易滋生病菌，而女人的身體又特殊，如果抵抗力稍差，病菌就容易侵入身體，增加罹患癌症的風險。所以，30歲以後，女人一定要記得每天都開窗通風，保持室內的空氣清新。尤其是廚房，煮菜時產生的油煙對身體害處極大，吸入體內很容易導致肺癌，所以，廚房的通風尤為重要。

30歲以後，女人應該保持樂觀的情緒，精神緊張、情緒壓抑、悲觀憂愁等都會嚴重抑制身體的免疫功能，從而讓癌細胞有機可乘。而樂觀的情緒不但能夠防止細胞異變，還可以對癌細胞產生極大的抑制作用。據有關專家調查顯示：不少子宮頸癌患者發病前有精神創傷史，乳腺癌發病前一般都有抑鬱症等。由此可見，情緒對癌症有重要的影響。中醫上也說，心情愉快，氣血就會通暢，身體內環境也就平衡穩定，可以有效減少腫瘤的發生。

30歲以後，女人要確保擁有正常、有效、優質的睡眠。癌細胞是細胞分裂過程中產生的不正常細胞，而這種細胞的分裂大多是在人睡眠時進行的。如果妳處在不正常的睡眠期時，這種分裂速度就會大大加快，所以，女人一定要盡可能地保持作息時間的規律性，不要經常熬夜。尤其是經常上夜班的女人更要注意這一點。據研究發現，常上夜班的女性由於睡眠不足，免疫力降低，更容易患上乳腺癌。

30歲以後，女人應該進行一些適量的運動。美國專家研究發現，女人如果經常進行散步、騎自行車、游泳等運動，能夠預防乳腺癌。資料顯示，每天進行適量運動超過90分鐘的女性，患乳腺癌的很少，而那些不喜歡運動的女性發病率則比較高，可見運動對乳腺癌有一定的預防作用。

30歲以後，女人在日常飲食中尤其應該注意。不要吃發黴變質的食材和食品，少吃煙燻或醃漬的食物，少吃燒烤；不飲酒，不吸菸；不吃或少吃被農藥污染過的蔬菜、水果和其他食物；餐具、茶具的清潔一定要用綠色健康的洗滌劑；不要用有毒塑膠薄膜包裝食品或者用有毒塑膠製品盛放食物；不吃過冷、過硬、燒焦或味道過重的食物……這些生活的細節看似簡單繁瑣，卻都是防治癌症的關鍵。

除了上述的防癌細節外，30歲以後，女人必須時時刻刻關注自己的健康，一旦出現不適，就應該及時去醫院檢查，防患於未然。

第二章

正視婚姻，做一個人人羨慕的「婚姻幸福女王」

接受並正視婚姻的現實

成功婚姻的訣竅在於把一切災難看做小事，不把任何小事看做災難。
——英國外交官兼作家尼克爾森

30歲以後，女人大多都已經為人妻、做人母，曾經的激情浪漫漸行漸遠，生活中更多的是平淡與無味，同時女人的心態也逐漸地成熟起來。可是，女人們為什麼心中時常感到壓抑？還有一種莫名的不安總是縈繞在心頭？看著老公越來越風光，望著鏡子中逐漸老去的容顏、日益臃腫的體態，再看著周圍那些青春洋溢的女孩，心中不由得感到恐慌。要知道這是一個瘋狂的時代，二奶和小三充斥著人們的生活，30⁺女人拿什麼去和那些青春亮麗的女孩競爭？女人的心再也安定不下來了，平淡似水的婚姻、逐漸增長的年齡，讓女人喪失了信心。

30歲，無論是對男人還是對女人來說，都是一個分水嶺。不同的是，30歲，男人正處在一個穩健上升的時期，而女人卻開始走下坡了，「男人三十一枝花，女人三十豆腐渣」，事業和形貌上的差別讓女人不得不焦慮。這也是一個需要女人接受自己年齡、走向成熟的分水嶺。對於女人來說，這個時候的壓力最大，兩邊的父母、老公、孩子，還有自己的事業都在衝擊著女人的內心。孩子的教育、夫妻的感情、婆媳的矛盾，讓女人頓覺焦頭爛額，甚至有時還會懷疑自己為什麼會結婚，難道就是為了孩子？婚姻不是愛情的殿堂嗎？為什麼失去了初衷呢？其實，30^+女人更要正視自己的婚姻。

30歲以後，大多數的婚姻都走進了癢痛之年，這時的女人開始關注老公的一切，要嘛是莫名其妙的懷疑，要嘛是橫看豎看不順眼，常常讓男人覺得神經兮兮，也常常感到無奈與心煩，其實這些恰恰反應了女人的不自信，這些正是女人在想盡全力捍衛自己的婚姻。可事實卻常常事與願違，女人越是這樣，男人越覺得厭煩，婚姻也就越搖搖欲墜。30歲以後，女人應該正視婚姻，讓自己的心胸開闊起來，保持一顆寬容的心。

30歲以後，女人要正視婚姻，就要保持一個開朗豁達的心態，讓自己變得自信起來。自信才是捍衛婚姻最有效的手段。當妳感覺婚姻不安全的時候，不要惶恐，妳要從自己的內心出發，做出理智的分析，這樣才可以使自己立於不敗之地。另外，妳也要明白，婚姻並不是妳的全部，一個女人如果把婚姻當做自己的一切，那麼從一開始妳就把自己置於了絕境。

正視婚姻，失去時不必傷心欲絕，因為我們還有親情，還有友情，還有自食其力的能力；正視婚姻，當它給我們帶來傷害時，也要感謝曾經的擁有，因為經歷本身就是一種收穫；正視婚姻，擁有時懂得珍惜這份愛，感謝它帶給自己的幸福與快樂，正視婚姻的一切，才能使我們更加成熟。

如果妳已經結婚，不妨儘快生個小天使

世界上的一切光榮和驕傲，都來自母親。
——社會主義奠基者、蘇聯文學大師高爾基

女人的「女」是個象形字，意指「大著肚子的人」。孕育是女性的天職。把孩子健健康康地生下來，只是完成了把生命帶到世間的本分；而有計劃有步驟地培育生命，更能體現出女人的「光榮和驕傲」。

可是，在現今的社會中，許多女人因為種種原因而一直不想要孩子，等到有一天想生了，卻發現自己懷不了了。有一個女老師，在學校總是非常勤奮地工作，從帶第一屆學生開始，就年年帶畢業班，婚後兩次懷孕，都因為要帶畢業班而做了流產。七年後，她突然發現跟自己同齡的女人，孩子都上幼稚園甚至小學了，才感覺自己應該要有孩子了。可遺憾的是，她再也不能懷孕了，這成為了她一生的遺憾。

30歲以後，如果妳已經結婚，一定要儘快生育，以免錯過最佳的生育時期。據科學家研究表明，在女性的一生中，卵巢只有四百到五百個卵泡能夠發育成熟並排出，並且隨著年齡的增長，卵巢內卵泡資源逐漸消耗，數量和品質均下降，生育力也隨之降低。統計資料顯示，女人過了30歲患有不孕症的比例便開始增多，29歲以前為10％以下，30～34歲升為15％左右，35～39歲則為19％，40歲以上便高達31％。如果女性患有盆腔炎症、子宮病變等，不孕症比例會更大。這是因為29歲以後，卵巢中卵子數目會隨著年齡增長逐漸減少，品質也會逐漸下降，特別是超過35歲，下降速度會顯著加快。至於丈夫的話，雖然精子數量不斷更新，但隨著年齡增長，活力也會有所下降。因此，對於事業心強的知識女性來說，35歲之前是生育的最佳年齡，以後生育力就開始下降了。

國際上還規定35歲以上的產婦為高齡孕婦，被列入了「高危險妊娠」範疇。因為她們有不同於正常妊娠的病理、生理改變。高齡孕婦生出來的孩子，先天性畸形和先天性癡呆症比例相對較高。據相關資料顯示，在25～29歲生育，先天愚型嬰兒的發生率僅為$\frac{1}{1500}$；30～34歲為$\frac{1}{900}$；35～39歲則上升到$\frac{1}{300}$；45歲以上竟達$\frac{1}{40}$。這是因為，隨著女性年齡增加，器官退化，有些卵子也發生老化；時間越長，感染、放射線等有害因素影響累積增多，個別卵子染色體難免會發生變異，進而影響了孩子的健康。還有高齡孕婦所生的孩子，遺傳性疾病發生率也比較高。

另外，35歲以上的孕婦，尤其是第一次生育者，發生併發症的機會也比較多。由於高齡產婦的陰道和子宮彈性減退，骨盆和韌帶也有改變，會影響分娩，易發生難產、產程延長、產後出血等併發症。同時，高齡初產婦對分娩常有較重的思想負擔，情緒緊張，分娩時對子宮收縮有不良影響，造成分娩時的困難。所有的這些情況，都可能危及母子生命安全。

30歲以後，如果妳已經結婚，為了妳和妳孩子的健康，就快些完成上帝賦予妳的神聖使命吧！

經營婚姻，讓老公疼愛一輩子

一個女人，不僅僅要為30歲前的自己負責，更要為30歲後的自己負責，而這後半段的人生，才真正是一個女人的艱難歲月。

——作家蘇芩

30歲之前，我們擁有青春容顏，當然可以享受幸福，當然可以得到老公的疼愛。可是30歲以後呢？紅顏老去，失去了光芒，妳還有這自信嗎？

30^{+}女人，渴望找到自己的歸屬，渴望一個男人可以陪她到天荒地老，渴望享受家庭的幸福生活，可這一切並不是可以像年輕時那樣輕而易舉就能得到的。30歲以後，失去了青春的女人，如何把握自己的幸福，讓老公疼愛一輩子呢？

有一句話說得很好：女人嫁得好不如做得好，長得漂亮不如活得漂亮。其實這就是在告訴妳，只有真正有能力的人才可能把握住幸福的翅膀。30歲以後，女人一定要有自己的事業，不必年薪百萬，只要有固定的收入即可。只有妳有了自立的能力，才可以平等地與老公相處，才不會過多地依賴他，也才可以得到他的疼惜。要知道，婚姻是現實的，不僅僅只有愛情，它還需要物質基礎。

30歲以後，女人要學會愛自己。一個不懂得疼愛自己的女人，自然也不會得到老公的疼愛，幸福更是無從談起。很多女人為了家庭為了老公付出了許多，卻從來都無視自己的感受，到最後得到的不過是男人的遺棄。有人說男人的花心是女人慣出來的，這句話還真有道理。妳付出的過多，男人會認為這些都是應該的，時間長了自然就不會珍惜。所以，聰明的女人一定要學會愛自己，愛自己的一切，身體、容貌、興趣……每時每刻都在關注自己，每時每刻都讓自己處於全新的狀態，這樣想不讓老公疼妳都難。

30歲以後，要做一個「上得廳堂、下得廚房，勤勞賢慧」的女人。無論社會如何發展，男人的虛榮心都不容忽視，甚至他們的虛榮遠遠超過了女人。男人希望自己的老婆在外人面前落落大方、光鮮亮麗，讓自己面子十足；回到家，又希望老婆能把家打理得清爽整齊，還精通廚藝，能給自己做一桌美味佳餚；男人還希望老婆能夠孝順自己的父母，能把兒女教育得成績優秀、禮貌懂事；男人還希望……不要覺得這些要求很無理，也不要認為自己很辛苦，只要你付出了，幸福正在向你招手，妳並不吃虧。

30歲以後，女人要學得寬容大度一些，不要再像年輕時那樣任性，那時的任性可以被老公當做撒嬌，現在再撒嬌就有些矯情了。寬容大度，留給老公一個足夠的空間，讓他可以自由地馳騁，不要去干擾他，也不要動輒就疑神疑鬼，讓他知道妳信任他。面對如此寬宏大度的老婆，他能不疼愛嗎？

30歲以後，做一個聰明睿智的女人吧，幸福離妳不遠，老公的一生呵護也在前方向妳招手。

知足常樂，品味幸福

只要妳像對待孩子一樣對待妳老公，妳會發現，幸福無處不在。

30歲以後，女人要學會品味幸福。

幸福是什麼？是臨出門前的一句叮嚀，是回家路上遠遠的一盞燈光；是早餐手邊一杯暖暖的牛奶，是臨睡前一個滿滿的擁抱。

幸福到底有多珍貴，讓每個人從懂事便開始不停地尋找？有些人窮其一生，也只來得及看到別人所擁有的，什麼家財萬貫，什麼嬌妻美眷，人就在欽羨中，庸庸碌碌匆匆老去，在歎息中闔上了雙眼。

其實，幸福像個淘氣的孩子，當妳用盡全力去追逐，它偏偏跑得更快，讓妳望其項背而不得；而當妳慢下腳步，調適好心情，它卻悄悄地膩在妳身邊，讓幸福的感覺暖暖地將妳包圍。幸福的本質，不在於追逐，而在於品味。現實生活中，沒有人在永遠失去，即使失去，也是因為妳曾擁有太多。多到超出了自己能把握的。有位哲人說過：「當我感歎自己沒有鞋穿，我發現很多人沒有腳走路。」

幸福的意義，在於妳所注目的是什麼。不要斤斤計較於已失去的，失去了就已不再屬於妳；不要計較妳還沒得到的，還沒得到的，不見得最終花落誰家。是否幸福，取決於妳把目光放在哪裡。如果妳看到的是妳所擁有的，妳會倍感幸福——妳擁有一個家，有愛你的父母，有健康的身體，有並肩的伴侶，有可愛的孩子。如果不幸這些都沒有，那妳也該慶幸，妳還活著，還能呼吸免費的空氣，還能感覺悲喜冷暖，妳所夢想的還有實現的可能，相對而言，很多人已不再擁有這些。

幸福，取決於妳是否能放低身段，把眼光放在妳身邊那些小小的事物上。當他在遠方看到美景，打電話告訴妳他的感動，妳要幸福於他只願與妳分享；當孩子蹣跚著走向你，帶著甜甜膩人的笑，張著雙臂稚嫩地喊著媽媽，妳該幸福於他對妳全然的信任依賴；而當父母打來電話，親切地喊「女兒啊」，即使妳已是30歲以後的成熟女人，也該幸福於這輩子只有這麼兩個人這麼親昵地喊你，幸福於他們還在，面對他們，妳仍然可以撒嬌可以賴皮，在他們面前，妳可以永遠是孩子。

每天早晨，給自己一個微笑，告訴自己：「真是美好的一天。」然後伸個懶腰，帶著飽滿的情緒，整裝出發。告訴自己：「我幸福著，並且每一天都會比昨天更幸福。」這樣的心靈鼓勵，會在妳心底生根發芽，妳會慢慢感覺，妳真的沉浸於幸福之中，那麼自然，那麼滿足。

好好享受自己的生活，向身邊的所有事物微笑，無論是一朵花，一隻蝶，還是一陣清風，一片雲。它們讓妳享受到自然的無私恩賜，那麼美麗，那麼靈動。好好珍惜身邊的人，對他們好一點，再好一點，那麼將來無論聚散，都可以更少遺憾。即使將來成了路人，成了冤家，妳也能告訴自己，我問心無愧。

是的，問心無愧、光明磊落的人是幸福的，因為妳心底沒有陰影，陽光可以隨時隨地通透妳的心扉，妳會感覺溫暖、光明無所不在。簡單的女人是幸福的，因為她把幸福也看得簡單，既然幸福那麼簡單，當然是每個人都能並且都肯定擁有了的。

幸福就是這樣，只要用心品味，妳會發現，原來自己一直都這麼幸福著。

愛，需要用心聆聽

耳朵是通向心靈的道路。

——法國哲學家伏爾泰

有多久沒有一家人圍坐在一起吃頓飯、聊聊天了，有多久沒有給牽掛妳的父母送去一聲問候了，有多久沒有陪愛人孩子逛逛公園了，有多久沒有拿起筆寫下自己的心情了，又為何感覺這一切都是那麼遙遠？

這是一個競爭激烈的社會，熱情、衝動、焦躁不安充斥著我們的世界，生活的壓力讓我們無法放鬆心情，飛快的節奏讓我們無暇駐足，可是妳可曾注意到父母眼中的留戀，妳可曾注意到孩子眼中的委屈，妳可曾注意到愛人眼中的無奈？

停下妳匆匆的腳步吧，30^{+}女人要懂得靜下心來聆聽愛的聲音。只有聆聽，才能懂得世上最美好的愛；只有懂得，才知道去愛。隨著時間的流逝，人與人之間缺少的往往就是這最珍貴的愛。懂得是一種包容，是一種理解，它可以滲入到妳的靈魂，讓妳變得豐滿充盈。

曾經，我們是那麼輕狂，以為激情可以代替一切，愛就要愛得死去活來，愛就要愛得忘乎所以。可是，在我們執著於追求極致的繁華之後，在一切喧囂歸於平靜之後，我們卻感到了無助與寂寞，我們錯過了身邊最真實的風景。愛情在燈紅酒綠中流逝了，父母在我們的熱鬧中衰老了。這都是因為我們的任性，因為我們拒絕聆聽，造成了多少傷心，造成了多少誤會啊！慢慢地坐下來，靜靜地思考，心中是那麼痛，因為我們的無知，因為我們的不懂，又錯過了多少美好啊！30歲以後，女人應該懂得聆聽，聽一聽父母的嘮叨，聽一聽愛人的需要，聽一聽孩子的索取，更需要聽一聽來自對方的愛。

懂得聆聽可以使我們知道對方的需要，懂得聆聽可以讓我們的內心變得平靜，懂得聆聽可以讓我們的思想更加豐富，懂得聆聽可以讓我們的愛更加綿長。懂得聆聽不僅是彼此間的一種需要，也是彼此間激情的創造，因為愛只有在相互間的聆聽下才會互相理解，當妳懂得了這一點，妳就可以真正地體會到何謂大愛。

30歲以後，女人要懂得聆聽愛，只要妳用心聆聽，一切美麗都會翩然而至；只要妳用心聆聽，幸福就會永遠相隨；只要妳用心聆聽，妳就能活得快樂而充實。

優秀的男人是女人欣賞出來的

優秀的男人是女人欣賞出來的。一個善解人意的女人，要適時扮演一下丈夫崇拜者的角色，把丈夫當做珍貴的藝術品來欣賞，不要吝嗇讚美，要傳達出妳對他的欣賞和肯定。

——藝人于莉

人都怕被人瞧不起，尤其是男人。從外表看來，男人很堅強，其實他們的內心深處也有柔軟脆弱的一面，他們渴望來自妻子的呵護，他們期待來自愛人的欣賞與讚美。人們都說女人虛榮，其實男人比女人更加愛慕虛榮。30歲以後，女人一定要學會欣賞和讚美自己的丈夫，妳會發現，一向穩重成熟的老公會像孩子一樣開心。這就如同傳說中的情緒草，如果妳對著它唱快樂的歌曲，說讚美的話語，它就會長得茂盛，並且還會開出美麗的花朵；相反，妳如果對它惡語相向，它就會逐漸枯萎。

男人用自己寬厚的肩膀為女人遮風擋雨，承受了許許多多的勞苦和辛酸，他們也會感覺到疲憊和委屈，而此時，妳若送上恰到好處的讚美，那對男人來說，就猶如打了一劑強心針，再多的苦和累也是幸福快樂的，他們也會更加努力地投入到未來的奮鬥中去，為了自己心愛的女人。

人們都說，好孩子是母親誇出來的，那麼優秀的男人則是女人欣賞出來的。30歲以後，女人在這方面千萬不要過於含蓄，把欣賞和讚美藏在內心的深處。相反，妳要大膽而熱情地說出來，適時地扮演一下老公崇拜者的角色，把他當做珍貴的藝術品來欣賞，不要吝惜讚美之詞，多發現他的優點，比如誇誇他分析問題深刻、讀書有品味、飯菜燒得好吃等，比如說疼惜他的辛勞、讚美他的工作出色等，諸如此類，正是妳的理解和尊重把老公身上的亮點慢慢地都發掘了出來，日積月累，妳就會發現，呈現在你面前的是一顆璀璨的寶石。

男人是需要女人的欣賞和讚美的，在女人的欣賞中他可以獲得一種向上的力量，在女人的讚美聲中他能夠獲得一種一往無前的勇氣，可以說，女人的讚美和欣賞就是男人在困境中前進的動力和自信力的來源。

可惜的是，許多女人不懂得這個潛規則，她們不僅不能給老公恰當的欣賞與讚美，反而時時把老公和其他的男人相比，要嘛就是沒本事不能賺更多的錢，要嘛就是不能買更大更氣派的房子，要麼就是沒有有權有勢的父母親戚……在這些比較中，男人的自尊受到了嚴重的傷害，兩個人的感情也會日益衰減。

聰明的女人絕不會做出這樣愚蠢的事情，即便老公身上的確存在一些缺點和不足，她們也會懂得換個角度把它們當做優點去欣賞、去讚美。比如說，老公雖然不能賺很多錢，可是他踏實，會陪妳一起散步、吃飯；老公雖然性格呆板不夠浪漫，可是他體貼妳，知道妳的辛苦；老公雖然沒有有權有勢的親戚，可是他很有才氣，可以為妳朗誦優美的詩篇……

30歲以後，女人要學會欣賞和讚美老公，讓老公感受到妳的愛意和體貼，也讓你們的婚姻更加堅固、美滿！

傷什麼也不能傷男人的面子

對於男人來說，沒有什麼比面子更重要的了，尤其是在外人面前，面就是男人的死穴，絕對不允許受到傷害。

如果妳要問男人最在意什麼？幾乎所有的男人都會不約而同地回答：「面子！」俗話說：「人活一張臉，樹活一張皮。」自古以來，面子一直是人在誓死維護的，面子問題一直是一個大問題，不論男女老少，面子就是一個人的自尊，如果人沒了自尊，那還有什麼面子可言呢。特別是男人，為了面子甚至會以命相抵，正所謂：「士可殺，不可辱。」當年楚漢相爭，項羽打了敗仗後跑到烏江，本來他是可以乘坐漁船逃回江東的，但他放棄了，因為他覺得「無顏見江東父老」，結果在烏江河畔，他選擇了自刎。他的死成全了他的尊嚴，也成全了一代梟雄的氣節。可見，面子就是一個男人的致命傷。

那麼，怎樣做才算是維護了男人的面子呢？其實，愛護男人的尊嚴，就是維護男人的面子，就等於愛護自己。真正厲害的女人，絕對不去觸碰男人的尊嚴。妳如果愛一個男人，就更要珍惜他看得比生命還重要的面子。如果女人不懂得給男人留下足夠的面子，就會對男人造成莫大的傷害，使男人在指責聲中失去鬥志，甚至還會反感妳的存在。沒有哪一個男人會喜歡得理不饒人或者兇悍潑辣、尖酸刻薄的女人。

30歲以後，作為女人，如果妳不想毀掉這個男人，就不要碰這個男人的致命傷。記得維護他的面子，尤其是在外人面前。聰明的女人只要花點心思維護男人的面子，就能把兩個人的小圈子經營得越發完美。我聽說過這樣一則小故事，一對夫妻打架，太太拿起掃帚就追打上去，先生情急之中下逃至桌下，恰好有人上門，正好撞上，進退尷尬，這時，八面玲瓏的太太急中生智拍了拍桌子說：「我說幫你抬，你非要自己扛，正好來幫手了，下次再用你的神力吧！」一場面子危機就變成了夫妻間的關愛，既維護了丈夫的面子，又體現出夫妻之間的理解和真誠，並促使互相之間的關係處於一種最佳和諧狀態。

男人在外面總免不了有一些應酬，許多男人當著眾人給太太打電話時，聲調都要提高八度：「好了好了，今天我晚點回家，別囉嗦了，正忙著呢，掛了！」此時，其他人都豎著耳朵等著看好戲呢，這時聰明的女人一定不會氣惱，反而會和顏悅色道：「老公，我知道了，路上開車小心啊。」這樣一來，老公在眾人面前面子十足，等回到家，他心中會感激妳，自然會投桃報李，這時妳即使把他當僕人一樣呼來喚去，他也會心甘情願的。

30歲以後，女人應該學會一門學問，那就是如何針對男人的「死穴」對症下藥。女人要懂得即使是男人也會有力不從心的時候，不要因為他的無力而去抱怨他，即使是在兩個人的情緒鬧得不可開交時，也不可以說那些傷男人面子的話。

30歲以後，妳要懂得，男人不僅要在朋友和外人面前保全自己的面子，即使是在家人面前也需要維持面子。有些人認為，夫妻之間耳鬢廝磨，沒有誰能夠比自己與丈夫的感情更親密了，因此說話辦事無所顧忌，甚至在丈夫的父母兄弟姐妹面前也毫不忌諱，但這會讓他感覺很沒面子，也會影響夫妻的感情。

30歲以後，女人要學會該示弱的時候就示弱，一方面給自己留下餘地，讓自己變得更加包容；另一方面也可以減輕男人心理上的壓力，讓他們更加自信。有了面子的男人也會更加積極，也可以給家庭帶來更多的和諧。

當然，給男人面子，並不是要妳委曲求全，而是說在恰當的時間、適當的場合給男人體面的自尊，妳給了男人面子，同時也是給自己爭得了一份愛護和尊重。

做男人的賢內助，而不是絆腳石

許多男人會由於一個女人成為一個天才，會由於一個女人成為一個英雄，會由於一個女人變成一個詩人，會由於一個女人成為一個道德高尚的人。

某部影視作品中有一句經典臺詞：「做人難，做女人難，做個名老女人更難。」這表演使人們捧腹大笑，但人們是否能靜下心來體會這句話的含義呢？現代社會賦予30+女人多重角色，做個女人真的不容易，所以這一年齡的女人也面臨著重重壓力。

一方面，她們和男人一樣，為了家庭的幸福在競爭激烈的社會中辛苦拚搏，需要處理各種繁雜瑣碎的事情，應付形形色色的人際關係；另一方面，女人還有一個很重要的角色需要扮演，那就是當好賢妻，成為男人的賢內助。

俗語說：每一個成功男人的背後都離不開一個默默奉獻的女人。簡簡單單一句話概括出輔助丈夫是女人義不容辭的責任。由此可見，30+女人應當盡自己的全力支持丈夫，塑造自己的丈夫，幫助丈夫擺脫各種煩惱。男人的賢內助分為兩種：一種是賢慧、溫柔體貼的女人，另一種是智慧型女人。

賢慧、溫柔體貼的女人明白，當丈夫為自己戴上結婚戒指的那一刻，自己的命運就緊緊地和丈夫的命運聯繫在一起了。為了自己家庭的幸福，她們理解並支持自己的丈夫，心甘情願地擔當起身上的責任，承擔起所有的家務勞動，做好男人的堅強後盾。為了自己的丈夫能夠在事業上出人頭地，賢慧女人勇於面對平淡的生活，即使做一個家庭主婦也毫無怨言。有了賢慧女人的支持，家庭的全局才不會出現問題，在外面辛苦打拚的丈夫才能沒有後顧之憂，全身心投入到工作中去。

智慧型女人不僅僅在生活方面給丈夫送上自己細心周到的關懷，在丈夫的事業方面也一展身手。她們充分運用自己的智慧為丈夫出謀劃策，幫助丈夫解決事業中的難題。面對丈夫事業上暫時的失利，她們從不會怨天尤人，無論多辛苦也沒有絲毫的怨言。她們只是依靠自己的力量，為自己的丈夫做著百分之百的付出。

能夠與已故第一夫人賈桂琳・甘迺迪相提並論的蜜雪兒是輔助丈夫成功的楷模。蜜雪兒在多家機構擔任職位，但面對丈夫歐巴馬的事業，她選擇了輔助丈夫。在歐巴馬初選參議員的時候，蜜雪兒就開始幫助他積極籌款、建立助選團，歐巴馬開始角逐總統職位之後，蜜雪兒更是辭去了自己百分之八十的職位，以便集中精力幫助丈夫參加大選。她就像一名鬥士，堅決熱誠地為丈夫助選，顯示出發自內心的口才與智慧。隨著歐巴馬競選的成功，「蜜雪兒」這個名字也將被載入美國史冊。

30+女人只有為丈夫付出，不計回報，才可能收穫幸福美好的生活。她們要全心支援丈夫的事業，並為他們提供自己力所能及的幫助，做一個不折不扣的賢內助。這樣的女人應該是世界上最幸福的女人。

柔弱女人有人愛

因為柔弱，我們不停地受傷。為了自我防衛，我們給心圍起了籬笆。然而籬笆隔絕了傷害，也隔絕了溫暖關懷。其實，我們真的可以把柔弱示人的，因為我們是女人，女人天生有柔弱的權利。

人的一生跌跌撞撞，總是難免受傷，這些傷痕就像一枚枚勳章，彰示著成長，也醞釀著成熟。但受傷，畢竟是件痛苦的事，任誰去接受，都免不了煎熬，免不了低落。然而，30歲以後，女人為免於受傷，便給自己的心扣上重重的殼，插滿尖利的刺，並將其名之曰「保護」，其實那就是作繭自縛了。

我們曾經是孩子，赤裸裸來到世間，柔軟而毫無防備，單純而不染微塵。那時，我們得到了父母毫無保留的愛，同時，他們的愛，也給我們加上了保護罩，使我們免於受傷。無論願不願意，我們長大了，學會了自我保護，我們用淡漠的表情來掩飾在乎；我們說話變得強勢；我們努力去親力親為，只為不向別人示弱。我們武裝了自己，同時也隔絕了別人的好意和幫助，讓自己變得孤立，變得冷漠。

我們甚至把這冷漠帶進了自己的家庭，讓家庭的氣氛也怪了起來。然而，對於溫暖的渴求，卻從未消減。人畢竟是群居動物，當隔絕了與人的交流，心便格外孤單冰冷。其實，三十年的風風雨雨，根本不可能改變柔弱的本質，我們只是習慣了偽裝而已。這裡要說的是，怎樣適時地展示柔弱，又能保護自己。我們是女人啊，女人如水，本就有柔弱的資本。

首先，對於一些人，我們完全可以放下強勢的偽裝。他們是親人，是愛人，是朋友。他們是妳可以以心託付、全心信賴的人。在他們面前的柔軟，是真實的、完整的。這樣的妳，讓他們感覺舒服、自然、賞心悅目，也讓彼此的相處自然而和諧。生活中會有欺騙，會有傷害，他們也可能在不覺間刺傷妳，可是仍然要給他們軟暖的、真實的妳。因為傷了妳，他們必然比妳還疼。並且，他們會因為妳的柔弱，而加倍疼惜，加倍呵護。

其次，對於別人，也就是親人、愛人和朋友以外的人，妳也要學著柔軟。

當然，他們也許不會很在乎妳是否受傷，所以，妳完全不必撤除防衛。可是，妳能夠讓自己的保護，也顯得很柔軟。妳可以試著這樣做：

微笑。伸手不打笑臉人，所以微笑本身便是一種柔性的防衛。微笑可以軟化妳的棱角，讓妳變得易於親近，讓妳身邊的氣場變得平和與溫暖。所以無論夥伴還是對手，記得一定要笑著去面對。

放低聲音和語調。同樣的話百樣說，每一樣的效果都不同。即使是對下屬，如果把命令改成拜託，他們一定會更樂於服從，甚至做了妳要求的還能心存感恩呢。這樣的妳，一定會讓別人感覺「更女人」，也更有魅力。

適當的求助。我們相信，很多時候很多事，我們是能夠親力親為的，但也不必事必躬親，給別人一個機會讓他展示擅長的一面。每個人都期待著被需要、被認同，如果妳能放下身段，說句「能不能幫我……」，必會被別人心花怒放地接受。反過來，他們還會覺得妳更人性化，更善解人意。記得，適當示弱，給別人幫妳的機會，其實也是一種善良。

30歲以後，女人還是女人，不會因為經歷而變成神力女超人。所以，妳可以柔軟，只要軟的有技巧，也一定能保護到妳自己，以及妳在乎的人。

廚藝也是保衛愛情的法寶

女人與烹飪應該是大家最熟悉，也最能令人感動的畫面。

有人說女人沾了煙火氣息會損傷皮膚，非常容易衰老。30歲以後，女人就會失去光鮮亮麗的容貌，變成一個黃臉婆。所以，許多女人拒絕走進廚房，表示做其他家事可以，就是不做飯。要她煮飯，寧可跳樓。雖然這話說得有些誇張，可也能夠顯示時下許多30⁺女人不願意進廚房煮飯的現狀。現在，會做一手好飯的男人越來越多，可是會煮一手好泡麵的女人也越來越多，真有點要打破「男主外女主內」的架勢。

那種說煮飯會使女人衰老的人肯定不夠熱愛美食，也不夠熱愛生活。

因為真正熱愛美食的女人不會將煮飯當成自己的一項負擔，她們熱愛廚藝，她們會將自己的心血投入到飯菜中。看著自己的勞動成果被大家一掃而空，對掌廚者本身來說是一種莫大的歡喜。

喜歡廚藝的女人熱愛生活。她能夠從烹飪飯菜中找到生活的樂趣。她會將每一道菜餚的烹製過程當做一件藝術品的加工過程。光看女人煮飯的架勢，舉手投足就給人一種美感，像是舞蹈，又像是演奏。茄子在她手裡，可成片，可成塊；馬鈴薯在她手裡，有時候是絲，有時候是泥；蘿蔔在她手裡，只需一會兒的工夫，就成了一朵漂亮的花朵。然後，女人將這些切好的材料放在鍋裡，只見上下翻飛，讓人眼花繚亂。當你還在驚訝於她技術嫻熟的時候，一盤色香味俱全的菜餚已經放到了你的面前。

有一部美國電影講的是做著無聊秘書工作的茱莉，為了改變自己沉悶的生活，開始瘋狂研究美食，研究廚藝的過程。茱莉在短短一年的時間裡學會了做500多道菜，無論是採買還是撿洗，都親自動手。她在做菜的過程中，也遇到過困境、失敗，但她一直堅持探索，最終堅持下來了。電影中的女主人公投身美食，將廚房變成了一個化腐朽為神奇的地方，人也變得富有藝術與創造性，她的生命也因為廚藝而變得閃閃發光。

喜歡廚藝的女人做飯講究色香味俱全，飯菜還沒入口，人的食欲就已經被最大限度地觸動起來。不要說吃，就是看一看，也是一種享受。她們做出來的飯菜更像是一道道藝術品，盛滿了愛，有對生活的熱愛，更有對親人的愛。

男人下班之後豪氣沖天的一句「走，嘗嘗你嫂子的手藝」，顯示了男人最引以為豪的就是家裡有一個廚藝精湛的女人。如果女人能在丈夫同事面前大露一手，會讓男人感到非常有面子。還有，廚藝也是保衛愛情的法寶。有句話說想拴住一個男人的心先拴住他的胃，足見廚藝在男人心裡所占的分量。

30⁺女人不妨試著讓自己喜歡並專心於廚藝，做一個懂得生活的女人，做一個幸福的女人。

會撒嬌的女人最幸福

撒嬌可以令男人舉手投降，但並非在任何場合都能使用。使用場合不恰當，女人可能會自食其果。

撒嬌可以說是女人的天性，兒時向父母撒嬌，可以滿足自己那小小的願望；婚後對老公撒嬌，可以贏得老公的歡心，得到老公更多的關愛。撒嬌就猶如那撥動浪漫溫馨生活的琴弦，舉手投足都可以闖入男人的心扉。即便是鐵石心腸的男人，面對嬌弱柔情的女人也會變軟，從而乖乖地向女人投降。女人的撒嬌會讓男人感覺自己非常高大，還可以洗滌他們心靈上積累的疲憊塵埃，讓他們孤寂的靈魂感到一股暖流的湧動。

不過，什麼事都要適時、適量，女人撒嬌也是同樣的道理。女人在撒嬌時，一定要仔細斟酌，更要看臉色，千萬不要以為撒嬌是萬能良藥。如果一味無所顧忌地撒嬌，增加的恐怕就不是情趣和樂趣了，而是厭惡和無奈了。

30歲以後，女人要是再撒嬌，切記不能不分場合、隨心所欲。聰明的女人撒嬌時懂得適當、適度、適時、適可而止。並不是所有的男人都能夠接受在公共場合調情，在這些場合，男人更加看重自己的面子和身份，他們覺得一個女人在這種時候撒嬌會讓自己沒有面子。撒嬌應該在私密場合進行，大庭廣眾之下只會讓男人反感、尷尬。

即便是在私密的場合撒嬌，也應該注意老公的心情。有些女人，由於從小在娘家嬌生慣養，動輒撒嬌使性，全然不顧對方的感受和心情。殊不知，在老公心情不好的時候，或者是為工作忙得焦頭爛額的時候，妳的撒嬌只會讓他覺得厭煩，這樣一來，非但不能達到想要的目的，還可能導致意想不到的糟糕結果。

那麼，如果老公心情極佳，是不是就可以無所顧忌了？也不是。即使是老公的心情不錯，女人在撒嬌時也要把握好分寸，見好就收。如果妳總是一味地對老公鶯聲燕語，常常會使男人覺得厭倦，甚至煩躁，這時的撒嬌在老公眼裡就變成了撒野，面目可憎。有的女人一旦被老公無意中忽略，就鬧小脾氣，甚至撒潑撒野，就會讓老公覺得妳不可理喻，從而厭倦厭煩。

30歲以後，女人再撒嬌就不能矯揉造作了，而應該是發自內心的撒嬌，就如同那甘醇的酒釀，流過老公的心田，醇而深厚。撒嬌就好比跳交際舞，雙方應該有進有退，才不會踩到對方的腳，舞跳起來也才會和諧；一廂情願是很難跳好舞的。會撒嬌的女人既懂得利用自身的條件，又能夠恰到好處地掌握分寸，從而戰無不勝、攻無不克。

女人要學會「花心一點」

這個世界上沒有什麼事情是一成不變的，某些時候你的執著與堅持會可笑，甚至有些愚昧。

這個世界原本就是個花花世界，可是這個世界卻是男人的花花世界，男人花心叫風流，從古至今傳下了多少佳話。但又有誰去同情那些在深處啼血的杜鵑呢？這個世界真是不公平，它允許男人包二奶、有小三，卻不容忍女人一點點的花心，女人若敢越雷池一步，那就是放蕩無恥、水性楊花、十惡不赦了。

可是，30歲以後，女人就應該學會「花心」，這樣婚姻才不會變得那麼脆弱，事業才不至於動輒崩盤。這裡的花心並不是說讓妳身處燈紅酒綠之中，四處濫情，而是要妳不要過分地執著於一些事情，比如愛情、婚姻、事業等。

30歲以後，對於愛情，女人一定要學會花心，雖然愛情的美好是以專一為前提的，可是在愛情的馬拉松中，誰能保證自己可以以冠軍姿態勝出？如果這時妳還沒有找到屬於自己的愛情，那麼就更不能過分地執著，太愛一個男人，愛得死去活來，愛得傷筋動骨，到最後妳可能一無所得，不要搞出一副非君不嫁的架勢，愛情就要遊刃有餘。著名影星劉嘉玲當年對企業家許晉亨可謂是死心塌地，可結果又如何呢？反而是之後與梁朝偉兩情相悅，卻又各自「花心」，反而種出了愛情之花。愛情這東西，向來都是塞翁之馬焉知非福，何必死守一棵樹呢？與其抱著一棵樹哭到昏天黑地，那棵樹的樹蔭卻在撫弄別人的肩膀，還不如走進森林，多認識幾棵參天大樹呢。

30歲以後，正處在婚姻中的女人更要學會花心，妳要知道婚姻並不是妳的全部，還有更多更精彩的事情等著妳去做。多少賢妻良母被負心漢拋棄，多少癡情女人一個個都變成了怨婦。照一照鏡子，看著自己為這個家變得日益憔悴的臉，曾經的花容月貌，如今的黃臉婆，妳曾經的付出值得嗎？一心癡情於男人，一心癡情於婚姻，妳何曾真正地愛過自己？多年的婚姻生活把妳完完全全變成了一個保姆，這不能不說是妳的悲哀。一個連自己都不當回事的人，還讓別人怎麼去愛你？所以，30⁺女人一定要學會花心，不要把全部的賭注都押在婚姻上，有機會不妨多認識一些異性，在交往中去瞭解男人，這樣才更能把握自己的幸福。

會花心的女人更容易幸福，只是這花心也要掌握一定的分寸，略微花心點，男人會把妳抓得更緊，可是千萬不要花得真傷了他的心，那時的結果就很難預測了。花心要花到妙處，要花到恰到好處，這樣妳的生活會變得更加精彩！

30歲以後，除了愛情、婚姻以外，女人對其他的事情也不可以過於癡心，比如事業。即使妳的事業正是春風得意，也不可以過於癡迷，要知道，這個世界上幸福的女強人並不多。幸福的女人應該有一個美滿的家庭，此時妳要從事業中走出來，照顧一下妳的家庭，偶爾做一做「小女人」，那麼妳會更加幸福。假如，此時的妳在事業上仍然一事無成，妳也不必耿耿於懷，若有一份不錯的工作，又何嘗不可呢？何必執著於創業做強人？

花心是一種生活態度，花心是一種生活智慧，花心真的很不錯！30歲以後，妳學會花心了嗎？

「三十如狼」，女人要學會釋放自己的狼性

性愛才是這世界上真正的世襲君主。

——德國哲學家叔本華

千年的封建思想給女人戴上了一副無形的枷鎖，女性一直處於被壓迫的地位，性格壓抑，活動受限，即使如今已是21世紀，這千年的影響也未曾完全去除。尤其是在性生活上，更是諱莫如深。很多女人往往是「談性色變」，結婚之前很多都是「性盲」，甚至不敢表現出對性的渴望。

可是，女人到了30歲以後，身體通常已經達到了女人一生中的最成熟期。從外表來看，她們身材豐滿、風韻十足，給人一種獨特而又難以名狀的吸引人的成熟性感。到了這個年齡，女人的乳房雖然一般都有一定程度

的下垂，不如少女那樣堅挺而富有彈性，可是如果單就豐滿來說，30^+女人是最有吸引力的，並且，這個時候的女人性反應也達到了最高點，而且是居高不下，一味地壓抑自己，難道妳不覺得委屈嗎？

「三十如狼，四十如虎」。30^+女人，成熟而自信，各方面已經發展完善並走向巔峰，她的生活閱歷和對生活的感悟，也令她開始透徹理解和享受生活，包括性。她開始有時間、有精力、有欲望來投入性生活。這個時候，女人要學會釋放狼性。女人往往活得太壓抑，長期的事業和家庭壓力束縛著女人們的靈魂，頑固的傳統道德又壓抑著女人們的身體。無論是心理上，還是生理上，寂寞、無助、焦慮時常困擾著她們。30歲以後，女人不妨放縱地釋放一下自己的狼性，找一個恰當的宣洩口徹底地放鬆一下自己。放掉肩上的包袱，是為了走得更遠。

女人千萬不要因為床第之間缺乏變化，使男人日久生厭。事實上，健康的男人一輩子都對性生活感興趣。30歲以後，女人不妨將自己的狼性完全釋放，壓抑了30年，此時不釋放，更待何時？要追求就去大膽地追求吧，用妳的狼性來激起他的狼性，共同分享「性」的快樂，這種前所未有的感覺會讓夫妻間更幸福。

30歲以後，女人真的要學會釋放狼性。這樣，女人即使面對平淡瑣碎的生活，也會有浪漫刺激的全新感覺。狼性能使30⁺女人變得時尚而又妖嬈，變得奔放熱情、自由不羈。

30歲以後，女人實在是應該拋棄那些少女時代羅曼蒂克的夢想，在臥室裡切不可再像以前那樣拘束，要學會徹底地放鬆，邁向性之巔峰。享受性的美麗，是上帝賦予女人的快樂，也是建立美滿婚姻的有利條件。

30歲以後，女人正處於人生的巔峰，學會釋放自己的狼性吧！狼性合理釋放，妳會變得更加魅力四射！

第三章

持家有道，
讓家中充滿溫馨和幸福

好女人懂得理好一個家是自己的責任

勤儉持家是一種美德，浪費是一種萬惡之源

——電視劇《王子變青蛙》

男人掙錢養家，女人管錢當家。時至今日，會不會過日子，依然是評價一個好女人的重要標準。好女人都懂得理好一個家是自己的責任。30⁺女人更要持家有道，讓自己的家裡充滿溫馨和幸福，這樣才能獲得長久的幸福。

經營好自己的家庭，最好學習一些關於如何持家的知識。因為沒有這些簡單的持家方法，女人經常會感到力不從心，甚至焦頭爛額、心力交瘁。只有用這些持家常識武裝自己，女人才能夠遊刃有餘地處理生活中大大小小的事情。

30^+女人持家首先要節儉。面對百貨公司裡琳琅滿目的化妝品和服飾，相信任何一個女人都會怦然心動。但是，在巨大的誘惑面前，女人一定要保持清醒的頭腦。收入是河流，財富是水庫，花出去的錢就是流出去的水，只有留在水庫裡的才是妳的財。在日常生活中，持家女人所堅持的守則是：能免就免，該省則省；若非實在需要，再便宜也不得浪費。

既然女人持家，就一定要負起責任，只有做到勤儉節約才能更好地為家庭積累財富。所以，30^+女人一定要抓緊自己的口袋，在生活中注意什麼錢該花，什麼錢不該花，一定要節省每一分能夠節省的錢，做一個響噹噹的「守財奴」。除了勤儉節約之外，營造良好的家庭氛圍也是持家的一個法寶。即使家裡再漂亮，如果家人相處不融洽，這個家不會完美，更不會充滿溫馨和幸福。在一個家庭裡，女人往往會承擔較多的家事，這時候，如果想讓老公來幫忙，千萬不要嘮叨。男人更願意接受另外一種方式：「你能幫我洗洗碗嗎？」有的時候老公幫自己做了家事，女人一定要記得表揚一句。雖然這些話是虛的，可是相信男人聽到之後，會喜滋滋地幫妳做別的家事了。

女人要記得：感情是相互的，只有相互體諒、相互尊敬，生活才會像加滿了油的汽車一樣，向前飛奔。

找到工作與家庭的完美契合點，讓「魚和熊掌」兼得

對於一個女人來說，事業、家庭兩不誤，兩者相得益彰，才是真正的成功。

——香港美容界名人鄭明明

面對如今競爭激烈的現代社會，30⁺女人一方面要在職場中拚搏，另一方面要努力扮演好照顧家庭的賢妻良母的角色。她們一面應對工作，一面照顧家庭，面對職業和家庭的雙重矛盾，該如何在工作角色和家庭角色中獲得平衡？面對「魚」和「熊掌」，女人無論捨棄哪一個都不會感到幸福，那麼能否兼得呢？答案是肯定的，只要30⁺女人能夠平衡工作和家庭的關係，找到兩者的完美契合點，就能夠實現「魚」和「熊掌」雙豐收。

首先，30^{+}女人在事業上應該和自己的丈夫比肩而立，不應該只圍著自己的家庭轉。如果女人在事業上十分努力，與丈夫的距離才會越來越近，兩個人的共同話題才會越來越多。由此，雙方交流會更好，家庭會更加穩定。否則，如果女人的圈子非常小，無論丈夫談論什麼話題，都會一臉茫然，時間長了，夫妻雙方會越走越遠，女人會在失去工作的同時失去家庭。

要想找到工作與家庭的完美契合點，家庭成員之間的交流是非常重要的，即使只是在車上或者在路上相處的幾分鐘時間，女人也要珍惜。在華人圈裡有「美容教母」之稱的蒙妮坦國際集團董事長鄭明明，被很多女性視為偶像，因為她在家庭和事業這兩方面都有完美的收穫。鄭明明剛開始時只是一名普通打工妹，通過自己努力不懈的奮鬥，成為「世界傑出女企業家」，更重要的是成為現代女性成功的典範和學習的典範。鄭明明是幸福的，她事業有成，還有恩愛的丈夫和可愛的孩子。用她自己的話說：工作之餘，我會利用一切可以利用的時間與家人進行溝通和交流，我認為這非常重要。事業成功，家庭完美，這不是30^{+}女人所期盼的嗎？

女人要想在事業上打拚出一片天地，家人的支持是必不可少的。千萬不要捨棄家庭，孤軍奮戰。否則，很容易腹背受敵，家庭沒辦法守護，事業也肯定不會有成就。30+女人在追求自己事業的時候，如果有丈夫的有力支持，女人就會騰出更多的時間做自己喜歡做的事情。女人最好告訴自己的丈夫，由於社會環境的不同，男女都在拚命賺錢養家，所以家事不能只有妳一個人做，家中的瑣事他也要幫妳承擔。有了丈夫的強力支持，相信30+女人會發現原本感覺到很沉重的負擔，現在輕鬆了好多。這樣，女人信心百倍，就可以在事業上一展風采了。

小S是很多女人非常熟悉的一個人。在事業上，她自信，充滿智慧，不斷成功；在家庭中，她溫婉，充滿母性的光芒，是三個孩子的母親。小S之所以做到家庭與事業兩不耽誤，有她自己的秘訣，那就是：一是把平衡家庭和事業本身作為努力的目標；二是建立支援系統，一定要適時發出求救信號，及時得到親戚朋友的幫助。

30+女人要明白：在工作中要提高效率，控制好時間。堅決不能讓工作時間侵佔自己的家庭時間。永遠記得自己的目標是讓家庭和事業得以平衡。在工作中牢記自己的責任，但是不要主動承擔本不屬於自己的事情。因為多做一件這樣的事情，自己的家庭時間就會縮少一點。

只要30⁺女人用理性管理好自己的事業和家庭之間的關係，相信妳會在事業和家庭得到很好的收穫。

給老公和孩子提供一個溫馨的港灣

我想有個家，一個不需要華麗的地方，在我疲倦的時候，我會想到它；我想有個家，一個不需要多大的地方，在我受驚嚇的時候，我才不會害怕。

——《我想有個家》

有這樣一則故事：一個富翁醉倒在自己別墅的外面，警衛要扶他回家。富翁說自己沒有家。警衛十分迷惑，指著旁邊的別墅說：「那不就是你的家嗎？」只見富翁緩緩說道：「那不是我的家，那裡只是我的房子而已。」只有短短幾句話的小故事，卻深刻地道出了家的含義。

房子、電器不能將家全部概括，即使這些東西能給我們帶來一些快樂。物質帶給我們的快樂根本不能持久，如果人們生活在一個充滿暴力與冷酷的環境下，物質生活即使再豐富，也不能使人體會到幸福，這些現代化的物品也只不過是象徵性的擺設品。所以，有一些有錢人說：「我窮得只剩下錢了。」這使我們在鄙視富人的高傲時，也不免哀歎他們內心的孤獨與自嘲。

對30+女人來說，家應該是一個充滿愛的地方，應該是一個溫馨的港灣，那裡有自己所愛的人和一心愛自己的人。這個溫馨港灣是需要30+女人用心經營的。只有女人用心去呵護，我們停留的地方才會倍感溫馨。這個溫馨的港灣一旦融入女人、老公和孩子的全部情感，即使它平凡得只剩下柴米油鹽，也同樣讓人珍惜。30+女人應該用自己的智慧去營造這個溫馨港灣，為老公，為孩子，同樣也為自己。30+女人要將自己當做和諧家庭關係的主要構造者，家裡所有的事情要和自己有關。生活在一個美滿幸福家庭裡的成員會有一種自己屬於這個家庭的感覺。女人要時刻想著這個家庭的美與幸福，惦記著家裡的成員。

女人要設法使家裡充滿著牽掛與關心。當老公忙碌一天回到家，如果女人及時遞上一杯熱茶，相信老公所有的勞累頃刻會煙消雲散。老公出差在外，一個牽掛的電話肯定會讓他恨不得立刻放下手裡的工作，只想回家。這樣一些簡單的關心，雖然微不足道，可是足以溫暖人心。女人付出了，向丈夫發出了愛的信號，丈夫會迅速做出回應，會將更多的愛回報給妳。如此良好循環，家庭一定會更加和諧，更加溫暖。在這樣一個充滿愛的家庭裡，孩子才能更快樂，更加健康地成長。當這些孩子長大成人後，他們心中也會充滿愛，因為他們在很小的時候就開始被愛包圍了。

有的時候，30+女人可能會與老公發生矛盾或者激烈衝突。這時候，妳要學會坦誠地表達自己，還要學會包容和寬恕。當家庭面臨困難的時候，女人要勉勵、扶持老公，相信你們還有希望，夫妻二人一起努力想辦法渡過難關。當女人心情不好時，要學會在孩子面前克制自己不好的情緒。努力使自己與孩子建立起平等交往的友好關係，只有這樣，孩子才會將自己當成無話不談的好朋友，才會更加願意與你溝通。

良好的環境造就人才，溫馨的家庭成就充滿愛的家庭成員。為了老公，為了孩子，女人要學會營造輕鬆、溫馨的家庭環境。

別讓潔癖毀了妳的婚姻

一個乾淨整潔的避風港永遠是男人所需要的，但是如果女人患有潔癖，則會引起他們的反感，從而破壞家庭的溫馨。

——羅伯特．希尼

很多男人都會羨慕那些乾淨整潔的太太，她們把家收拾得井井有條，把丈夫打扮得俐俐落落，讓人很是舒服。不過，物極必反，如果遇到患有潔癖的女人，那就不是什麼幸福的事情了。

有的女人對衛生過度苛求，她們不僅要求自己一塵不染，還會要求老公各個方面都做到乾淨整潔，整天對著老公嘮嘮叨叨，沒完沒了，這樣的女人沒有哪一個男人會受得了。

在生活中，我們常常會看到這樣的女人，她們回家後第一件事就是洗手，反覆地洗，恨不得把皮肉都洗掉一層，生怕把外面的細菌帶回家；她不管買回什麼新東西，都要一遍遍地洗，如果她新洗的衣服被家人不小心碰到，她就會不辭辛勞再重新洗一次……更有甚者，對清潔簡直達到了吹毛求疵的程度。

我就曾經見過這樣的一個人，她新買了手機，朋友見了免不了覺得新奇就拿來玩，等朋友走後，她竟然拿出酒精反覆擦洗新手機，結果導致手機受潮壞了。可怕的是，這些女人還常常把自己的癖好作為對老公的要求標準，訂下種種規矩，要求老公嚴格執行，否則就心裡不舒服，甚至大鬧脾氣。

當然，作為女人，愛乾淨不是什麼壞事，相反這還是生活情趣的表現和重要保障。因為哪一個男人都不會喜歡自己的老婆把家裡搞得亂七八糟，到處髒兮兮的，這樣的生活環境不僅影響健康，還會影響彼此的心情。可是，如果女人患上了潔癖，那簡直就成了男人的悲劇了，整天被要求做這做那，又被禁止做這做那，生性喜歡無拘無束的男人怎麼受得了呢？時間長了，不可避免地就會引發家庭戰爭，影響夫妻間的感情，導致關係惡化，甚至是家庭破裂。

因此，對於有潔癖的女性來說，30歲以後，一定要學會換個角度思考，學會從男人的角度去思考問題，更多地考慮一下男人的生活習慣。一個正常的男人絕對不會對潔淨有過分的要求，更加不喜歡被條條規定束縛，他們崇尚的是自由奔放。所以，30歲以後，作為女人，妳只要能夠保持家庭的整體整潔就可以了，不要過分地苛責老公。妳要明白，只有追求自然和諧的家庭，生活才會更加幸福美滿。

30歲以後，女人千萬不要讓潔癖破壞了家庭的溫馨。如果妳已經患有嚴重的潔癖，那麼妳可以採取自我放鬆的方式來緩解潔癖給妳帶來的困擾，比如多聽聽輕快的音樂、看看書等，這樣妳內心的焦慮就會大大減輕。

做一個稱職的好媽媽

女人一生之中最為重要的角色是母親，母親對孩子的愛將會伴隨孩子的一生。

女人的一生會有許多角色伴隨在左右，比如女兒、妻子、媳婦、母親等。其中，母親是女人最重要的角色。任何一個人，只要來到這個世界，就能深切地感受到這種人世間最偉大的情感。之後，隨著孩子慢慢長大，無論現實情況怎麼樣，母愛會一直伴隨在孩子身邊。

母愛是人世間最無私的一種情感。它不需要金錢來購買，也不需要任何其他的物質條件來交換，它只是奉獻，從不要求索取。母愛沒有辦法來衡量，也不需要辨別真偽，但它是無私的，不要求兒女任何回報的。

30⁺女人，無論是否已經開始扮演母親的角色，都要努力做一個稱職的好母親。女人要給孩子最無私的愛，對孩子照顧周到，甚至為了孩子的將來，受多大的委屈都不會有任何的猶豫。有位作家這樣說過：「母親對孩子的照顧是不分晝夜、無微不至的，為了能讓孩子生活得更加幸福，哪怕自己必須忍受各種辛苦和痛苦也一定會忍耐下來。」

30⁺女人應該努力把自己對孩子的這種刻骨銘心的愛貫穿於孩子的一生。從女人懷孕開始，就要忍受各種各樣的痛苦。為了自己的孩子能夠健康聰明，女人不管是否喜歡某種食物，只要聽說有營養，都會大吃特吃，也不再關注自己的體形是否變得臃腫不堪。好不容易熬到孩子出生，為了照顧好孩子，常常晚上都不能睡覺。母子的心是連在一起的，孩子高興，母親也會高興；孩子痛苦，母親也會難過。做母親的只有一個願望就是希望自己的孩子能快樂地成長，將來能夠過上幸福快樂的生活。

還記得之前有個非常紅的廣告，廣告中敘述一名住在台南的母親，她一句英文都不懂，但卻獨自一人帶著行李和一張中英對照的小抄，轉了四班飛機，飛過了大半個地球，只為了親自去替嫁到哥斯大黎加的女兒坐月子。途中她受到海關的重重刁難，因為她帶了一些中藥材，而那些中藥材差點被視為違禁品扣押，她還少填了入境申請表，因為不懂英文而被短暫拘留，她的旅途艱辛，但她卻無所畏懼，只為了見她女兒一面。這一則廣告，讓觀眾無不為之落淚，正是這偉大而無私的母愛才創造出美麗的神話。

沒有人能夠想像女人會為孩子付出多少心血，只因為女人身上有一個名字叫「母親」。不管孩子遇到怎樣的磨難，女人都不會忘記自己身上的責任。女人雖然外表柔弱，內心卻剛強無比。女人用自己瘦瘦的肩膀為自己孩子的茁壯成長撐起一片天空。

永遠不要說他父母的不好

談戀愛是兩個人的事情，而結婚則是兩個家庭的結合

女人一旦進入婚姻的殿堂，就不再是一個人。和女人有聯繫的不僅有丈夫，還有丈夫的父母。因此，如何與丈夫的父母相處就成了女人面前的首要難題。

作為女人，一定要多體諒丈夫的父母，主動去瞭解他們、關心他們。聰明的女人應該用理解和寬容來贏得丈夫父母的認可和喜愛，用真心來換取他們的接納。即使和丈夫的父母因為諸多的原因發生了矛盾，聰明的女人也會巧妙地將矛盾化解，而不是跟其他人嘮叨丈夫父母的不是。只有愚

蠢的女人才會犯這樣一個低級錯誤，到處宣揚丈夫父母的不好。

女人融入一個新的家庭，從生活習慣、處事方式等各方面來說，都會感覺到明顯的不適應，可能會與丈夫的父母產生矛盾。女人如果真愛自己的丈夫，一定會想辦法儘快適應新的家庭，使自己成為這個家庭中不可缺少的一部分。只有這樣，丈夫才會更幸福，才能更愛自己。

雙方一旦發生矛盾，女人千萬不能指望丈夫無條件地站在自己這一邊。即使丈夫的父母在某些做法上真的欠妥，也不能要求丈夫為自己「主持公道」。畢竟，另一方是生他、養他幾十年的父母，他不可能對自己的父母說一些不客氣的話。所以，女人千萬不要讓自己的丈夫夾在你們的中間，左右為難。如果這樣，時間長了，正常的夫妻關係肯定會受到影響，兩人的感情會越來越淡漠。

女人要想融入丈夫的家庭最好的一個辦法就是和丈夫父母經常溝通。因為雙方都愛共同的一個人，所以很容易找到溝通的話題。雙方發生矛盾之後，女人要通過和丈夫父母溝通，拉近雙方的距離，消除隔閡。這樣做，能更好地獲取丈夫父母的好感和信任，彼此之間的關係會更加親密融洽，家庭氣氛會更加和諧，一家人會更加和睦愉快。

女人除了要和丈夫父母經常溝通之外，如果能掌握幾個「討好」技巧，那麼女人一定是丈夫父母眼裡的好媳婦。

比如，女人可以分析老人的心理特點，針對老人的心理特點做一些事情。人老了，疾病也多，所以他們很需要得到媳婦的悉心照料。女人千萬不能因為自己工作忙，忽略了對老人的照顧。從老人的心理方面來講，他們渴望被尊重。如果女人想做個好媳婦，一定要注意老人的自尊需求，夫妻二人在做決定的時候不妨先徵求一下丈夫父母的意見，使他們感到自己還有用，是被尊重的。這樣做，他們一定會對這個媳婦刮目相看。再者，女人要想辦法抽時間陪丈夫的父母多聊聊天，聽聽他們說話，使他們發洩一下內心的寂寞與苦悶。老人一般喜歡把自己的「經驗之談」傳授給年輕人，所以女人千萬不要表現出不耐煩，一定要耐心聽他們講完。至於做不做，那是以後的事情。

如果結婚後的女人能在與丈夫父母相處中，把握以上原則，掌握一定的溝通技巧，相信你們之間一定會架起一座感情橋樑，你們的家庭生活會更加和睦、幸福。

愛自己的父母

父母的愛，是我們一生都還不了的債務。

30^+女人可能注意到這樣一個問題，那就是如果自己的壓力很大，需要有人做出犧牲的時候，妳可能想到的第一個犧牲對象就是自己的父母。因為父母從不會怪我們，無論我們做了什麼。可是換做旁人，妳再試試看？肯定會叫翻天。我們的父母為我們做這麼多，可是我們卻經常遺忘我們的父母，這是對父母多麼大的虧欠啊！

還有，可能妳的生活很富足，可是與父母的關係不好，妳快樂嗎？肯定不會快樂的，想起來必定會非常難受。30^+女人要懂得孝敬自己的父母，不是因為父母有多高的智慧和地位，而是因為他們曾經很愛很愛妳，妳身上傾注了他們畢生的心血。而今，如果妳也已經為人母，妳有多愛自己的孩子，妳就能想像自己的父母有多麼地愛妳，妳就能更深刻地體會到父母的不容易。所以，妳才有可能對父母產生發自內心的愛。

我們從小就被灌輸愛父母的觀點，可是有幾個人真能做到愛自己的父母、孝敬自己的父母？孔子也曾經提到要孝敬父母，但是他只是說父母在世時要好好奉養他們，父母過世後要好好埋葬，好好祭祀。可是，如果孝敬父母就是簡單地送上吃喝，那跟養匹馬、養個小動物有什麼區別？這樣的做法不是對父母真正的愛，也不是真正的孝敬。

對父母的愛，不是指父母說什麼，我們就聽什麼，也不是指他們無論做錯了什麼，有怎樣的不對，我們都要無條件地服從。我們愛父母，一定要尊敬父母。尊敬，不是尊敬父母的錯誤，而是尊敬父母的人。他們有錯誤，我們可以指出來，告訴他們，但是態度一定要尊敬。

愛父母，不是指為父母做了什麼，而是指心中是否有愛。有人可能為自己的父母做很多事，可是並不能說明他愛自己的父母。有一個已經結婚的女人每個週末都要回家看望父母，並且請父母去餐廳吃頓飯。相信能做到這樣的女人也不多，因為好多女人一旦結婚後，就基本和自己的父母斷了聯繫，有聯繫也只是自己需要父母支援的時候。這個女人看望父母，包括請父母吃飯，都做得很對，不過她沒有用心在做，她只是在做自己應該做的事情，她沒有想利用這個時間跟自己的父母建立一個親密的關係。因為在飯桌上，她和自己的父母沒有親密的交談，沒有輕鬆愉快的家庭氣氛，更沒有一家人相聚在一起和樂融融的感覺。整個過程，給人一種淡漠的感覺，那就是「我做了我該做的，下週末再見吧」。女人要愛自己的父母，不要只做表面功夫，表面功夫是拿給外人看的。裡面永遠比外面重要。只要有心，父母也會知足。

愛父母，要真正瞭解自己父母的所需。如果不瞭解父母，妳就不會明白什麼才是他們所喜歡的，妳不能把自己的想法強加給他們，不要以為自己喜歡的，父母也一定會喜歡。愛父母，不是光在嘴巴上講幾句好話而已，要付出行動。妳需要花時間、花精力，甚至金錢在父母身上。

30⁺女人，仔細想想，是不是想對父母說什麼，是不是想為父母做什麼呢？抓緊時間吧，不要等到「子欲養，而親不待」的時候，空留遺憾。

懂得向家人表達自己的愛

愛是那樣的需要表達，就像耗電太快的電器，每日都得充電。重覆而新鮮地描述愛意吧，它是一種勇敢和智慧的藝術。

——作家畢淑敏

受幾千年傳統思想的影響，亞洲女人的性格內斂而矜持。她們喜歡將自己對家人的愛埋在心裡，羞於表達。她們只會默默關心自己的家人，從不會將愛輕易說出口，那句「我愛你」會讓她們臉紅心跳。

可是，世事難料，不可避免的災難或者奪人性命的疾病常常在人們最大意的時候悄悄襲來，人們沒有能力阻擋這突如其來的變故。家人的突然離世會使女人痛苦萬分，更讓人感到無法接受的是，女人沒有及時向家人表達出對他們的愛，一旦錯過了，就再也無法彌補。正是由於女人的羞怯心理，她們才會悄悄失去人生中最寶貴的東西，這難道不是她們一生之中最大的遺憾嗎？如果不及時向家人表達愛意，即使後悔得要死也是徒勞的，根本不可能改變既成的事實。

每個人都需要被別人來愛，以獲得心理上的滿足，所以對家人來說，被別人來愛是他們最大的幸福。無論30⁺女人是性格外向、開朗，還是內斂、矜持，都要毫不吝嗇地將自己的愛表達出來。女人到了30歲，人生之路也已經走過了三分之一，對她們來說，剩下的時間是有限的。在這有限的時間之內，女人更應該好好把握每一天，揭開自己與家人之間那道羞怯面紗，勇敢地向家人表達出自己的愛，不要等事情過去之後才在後悔。這個年齡層的女人不要羞怯，更不要等待，不要等到自己真正想表達的時候才發現曾經的愛已離我們漸漸遠去。

愛是一種很難描述的情感，雖然需要行動來表達，但是語言的描繪也是不能缺少的。著名作家畢淑敏在書中曾經這樣寫道：「愛是那樣的需要表達，就像耗電太快的電器，每日都得充電。重複而新鮮地描述愛意吧，它是一種勇敢和智慧的藝術。」由此可見，人與人之間是否能夠和諧相處，很大一部分原因來自於人與人之間的愛是否能夠大膽表達出來。

女人對家人的愛，不能只藏在女人內心深處，它需要行動的支援，更需要表達。女人表達自己的愛意，不僅僅依靠默默地關心，除此之外，一定要讓家人明白你的愛意。女人不妨多花點心思來琢磨如何更好地表達，比如，可以在家人臨上班之前溫柔地叮囑幾句，也可以將幾句貼心的話語存在他手機的簡訊裡。相信這簡簡單單的幾個小技巧一定能讓家人更深地體會到妳濃濃的愛意。

有些30⁺女人可能性格內向，可這也並不妨礙愛的表達。這樣的女人不妨採用一種含蓄的方式。有個聰明的女人是這樣做的：她有一天對自己的先生說，自己愛上了一個特別疼愛自己的男人。她一邊說著，一邊遞給丈夫一個精巧的小盒子。丈夫有些惱怒又有些疑惑地打開了盒子，盒子裡映出的是丈夫漲得通紅的臉。丈夫恍然大悟，一把抱住了笑吟吟的妻子。原來，這是聰明的妻子在巧妙地向自己的丈夫表達愛意，兩個人的感情比從前更加深厚。

無論是含蓄地表達還是大膽地描繪，只要誠懇自然，不矯揉造作，都會產生立竿見影的效果，都能使家人感情更加濃厚，生活更加幸福。

30^+女人們，妳們還等什麼呢？

珍惜身邊妳愛的人和愛妳的人

曾經有一份真摯的感情擺在我的面前，可是我沒有珍惜，等到失去我才後悔莫及，如果上天再給我一次機會，我會對那個女孩子說三個字「我愛你」，如果非得給這段感情加上一個期限，我希望是一萬年。

——《大話西遊》

曾經年少輕狂，不知珍惜的可貴，直到失去後，才望著那美好的背影哭泣，擁有時好好珍惜原來不是說說就算了，珍惜真是如此的可貴。三十年風風雨雨，我們收穫了許多，比如愛情、家庭、事業、友情等，可是，這三十年我們終歸還是錯過了許多，30歲以後，女人一定要懂得珍惜。

30歲以後，女人更要珍惜愛你的父母和親人。哪一個父母對子女不是竭盡全力去疼愛、呵護，哪怕是耗盡自己的一生，付出自己的一切也無怨無悔。妳可曾珍惜過父母給你的愛？妳可曾想過去報答？有一個記者曾經問比爾‧蓋茲世上最不能等的是什麼，比爾‧蓋茲沒有說機會，也沒有說金錢，他說世上最不能等的就是盡孝。樹欲靜而風不止，子欲養而親不待，父母已老，行孝不能等啊！珍惜吧，趁著父母還在，多陪陪他們，多給他們一點關愛，哪怕是一句問候，哪怕是一杯熱茶。

30歲以後，女人要學會珍惜願意愛妳和正在愛妳的人。少年時妳可以追求那種心跳的感覺，可以渴盼激情的衝動，可是現在的妳再也經不起歲月的考驗，也沒有力氣去面對那些無意義的折騰。愛情不是瘋狂的遊戲，輸了還可以重新開始，30歲以後的妳，錯過了可能就是一生的悔恨。佛說：百年修得同船渡，千年修得共枕眠，五百次回眸才換來今生的擦肩而過。他能夠愛妳，想想那是幾世才修來的呀，妳是多麼幸福呀！無論妳是否愛他，妳都應該珍惜這份愛，即使不能走到一起，曾經的擁有也是妳一生美好的回憶。

30歲以後，女人要學會珍惜，珍惜一切的美，珍惜一切的好，珍惜可以讓我們留住更多美好的人。唯有珍惜可以讓我們生活更加幸福，前途更加光明！

溫柔對待妳愛的人和愛妳的人

女人的美貌，只能征服男人的眼睛；女人的溫柔，卻可以征服男人的心靈。

妳可曾對妳愛的人疾言厲色，妳可曾對愛妳的人冷言以對，妳可知道這樣的態度會傷了他們的心，妳可知道可以愛和被愛是世界上最幸福的事？30歲以後，女人請妳對妳愛的人和愛妳的人溫柔一些吧。

溫柔是上帝賦予女人的財富，溫柔也是女人的美德。溫柔的女人面對生活中的一切人和事都能保持樂觀、平和、關愛、耐心的態度；溫柔的女人說話柔和，心地善良，有著迷人的笑容，讓人如沐春風；溫柔的女人能夠靜靜地傾聽對方的傾訴，給人以安慰、同情；溫柔的女人懂得換位思考，不會輕易發火，知道適當的隱忍……

30歲以後，作為女人，妳可以瀟灑，可以智慧，可以老練，但是千萬不要忘了，妳必須溫柔，溫柔地對待妳愛的人和愛妳的人，在他們的面前，妳一定要低下妳那高傲的頭，這是人生的大智慧。妳看那古希臘神話中的智慧女神雅典娜，最吸引人的不正是溫柔嗎？

30歲以後，對待妳愛的人一定要溫柔，不要認為妳的聲色俱厲是為他們好，這是妳「愛」的另一種表現；要知道，這樣的愛過於沉重，有時會讓對方覺得不堪負荷，轉身離去，那時空望著離去的背影，妳的愛再也無處附著。沒有誰會喜歡強勢的人，尤其是強勢的女人，妳的咄咄逼人會讓人望而生畏，溫柔一些，溫柔地對待妳周圍的人和事，這是人生的大智慧。這智慧可以征服妳愛的人，可以征服整個世界，這智慧可以說是無堅不摧。妳要明白，容顏會隨著時光衰老，而溫柔經過了歲月的洗禮，會越發動人，溫柔地對待妳愛的人，妳會發現溫柔就是女人永遠的春天！

30歲以後，對待愛妳的人一定要溫柔，不要認為因為他或他們愛妳，妳就可以任性地傷害，妳就可以肆無忌憚地揮霍。妳要知道，當他們的愛一次次地遭遇妳的傷害後，當他們流乾了淚水之後，心也會死去。當他們再也無法承受的時候，當他們從妳的生活中完全消失的時候，妳再明白他們對妳生命的重要，一切就為時已晚。也許雖然他愛妳，妳並不愛他，可是也請妳溫柔地對待他，要知道愛沒有對與錯，有人願意愛你，是妳一生的幸福。那樣，即使不能天長地久，將來回憶時也會記起曾經美好的一瞬間。而對於妳，記起的仍然都是妳的好，能給別人留下美好的記憶，不也是一種幸福嗎？

俗話說，愛過知情重，醉過知酒濃。無論是妳愛的人還是愛妳的人，請溫柔地對待他們。愛與被愛，都是世界上最幸福、最美好的事情，不要讓這些幸福變成痛苦，不要讓這些美好變成悔恨，把最美的微笑留給妳愛的人，把最甜的溫柔留給愛妳的人吧。

不要獨攬財政大權

女人獨攬財政大權不利於家庭安定團結，應給丈夫一定的權力。

有這樣一些女人，她們緊緊握住家裡的財政大權，特別在意自己是否將老公的財政大權掌握在手。只要老公每月的收入沒有如實按期上繳，就會「嚴刑逼供」、「胡思亂想」。有這種行為的女人認為只要掌握了財政權，就處於「上風」。其實，這是一種比較不智慧的行為，聰明的女人不會這樣做。因為獨攬財政大權並不是一個好差事。

首先，管錢是一件費力不討好的活。管錢會浪費很多腦細胞。既要錢的不斷增長，又要錢的保值，還要照顧全家的衣食住行，假如女人稍不留意就會勞心勞力不討好。對於愛美的30+女人來說，花去自己用來美容的時間和精力去管柴、米、油、鹽、醬、醋、茶，還要為家事、錢事、事事操心。這筆賬怎麼算都是划不來的。

除去勞心勞力外，30+女人如果掌握家庭的財政權，妳就要面臨著多方面的壓力。既然是家庭的財政部長，就要為這個家庭的財產投資決策負責。女人會絞盡腦汁選擇存款、基金、股票、買保險等多種投資。如果家庭財產有收益倒也罷了，一旦決策失誤，造成家庭內部財產損失，女人就會哭哭啼啼、患得患失。可想而知，女人身上的壓力會有多大。

其次，當30+女人傾向於掌握家庭財政權的時候，她已經把自己作為男人的附屬品了。男人一般掌握家庭綜合事務管理權，女人掌握比較實際的財政權，目的是對男人構成實質性威懾。這樣做，無非是想證明自己的家庭地位，但是，恰恰相反，這實際上造就了女人在家中的弱者地位。當女人以貌似強大的經濟實力凌駕於男人之上的時候，其實她也表現出自己劣性的一面，使女人追求人格獨立的光環煙消雲散。

另外，獨攬財政大權的女人往往更捨不得為自己花錢。這是因為不當家不知柴米貴，管錢的人自然知道生活中很多地方要花錢，當女人掌握家庭財政權的時候，本著對這個家庭負責的態度，腦子裡考慮其他成員的時候會更多，就捨不得給自己花錢。於是，女人在為自己花錢的事情上總是瞻前顧後、考慮再三，給自己花錢時還要充分考慮其他家庭成員的感受，生怕引起家庭糾紛。

聰明的30+女人不會用財政權去束縛男人。如果財政權被女人掌控，男人就會覺得在家裡沒有地位，感覺被人控制，心裡就會不舒服。雖然男人外出應酬，女人總會給他足夠的零用錢，他也會感到沒有自主權，被人管制。這種情況下，很容易引起男人的反叛心理。一旦把男人逼急了，索性撕破臉皮，婚姻就會受到影響。事實上，絕大部分由女人掌控財產的家庭，男人只要在條件允許的情況下，都會偷存私房錢。這說明絕大部分男人，對於女人掌控家庭財產並不心甘情願，萬一看得太緊了，丈夫心裡不舒服再玩個暗度陳倉之類的，女人會落得人財兩空！

相愛的人要保持有足夠的空間和距離，這樣才會產生美感，才有利於保持愛的新鮮度，使愛不退色。女人放手財政權其實也是一個最好的給予男人空間的方式。讓男人能夠在寬裕的狀態下去施展他的抱負，在明白女人苦心的時候，男人也會更加疼愛女人、理解女人，所以說，聰明的女人不要獨攬財政大權。如果放權後還能準確掌握家裡的財政狀況，那妳就是超級聰明的女人了。

婚姻中的女性最絕妙的做法，不是控制財產，而是控制男人本身。控制了男人，就間接地控制了他的財產，還包括他的心。因此，要學會做一個聰明的女人，千方百計地讓男人對妳死心塌地，妳的溫柔似水、熱情如火、善解人意，會一輩子拴住男人的心。這才是一個女人最高等級的幸福與安全。

學會投資理財，儘早規劃自己的財富人生

財富是美麗優雅的基礎，追求美麗和財富的保值增值是女人一生的事業。

生活中有許多這樣的女性，總是過一天算一天，掙多少花多少，是道道地地的「月光族」，認為投資理財是男人的事情，從來都不去想，一旦遇到危機就會倉皇失措，那時再後悔就晚了。

古語有云：「人生不滿百，常懷千歲憂。」30歲以後，作為女性，如果還沒有一點經濟頭腦，沒有學會管理自己的財務，那將是一件很可悲的事情，她將要面臨的很有可能就是難以預測的危機。一個女人是否能夠獲得

安全感，很大程度上取決於是否能有可靠的經濟來源，而這經濟來源又絕對不能夠依靠男人，當妳的經濟來源完全依賴男人的時候，妳就已經不安全了。要想讓自己的生活有保障，除了努力工作以外，30⁺女人一定要學會投資理財，盡可能早地規劃自己的財富人生。

30歲以後，女人要學會理性消費。俗話說：「吃不窮，穿不窮，盤算不清一世窮。」妳要明白生活中哪些開支是必須的，哪些是不必要的，節省下不必要的開支，妳將會省下一筆可觀的財富。當然，這並不是讓妳當守財奴，只是一味地省錢，之前在電視台播映的電視劇《蝸居》，裡面的海萍可謂是省錢的高手，可是結果呢？省來省去，差一點把自己的家庭也「省」丟了。真正聰明的女人，一方面要節流開源，另一方面還得會賺錢，海萍最終不是也找了一份家教的兼職嗎？薪資並不是賺錢的唯一途徑，只要妳善於發現，隨處都可以有賺錢的契機。「老乾媽」系列產品遠銷歐亞等二十多個國家和地區，在大陸一地更幾乎成了家家戶戶必不可少的調味料，可它的創始人陶碧華只是一個沒上過一天學的農村婦女，她的起步也只是做涼粉的佐料而已。

合理投資，讓錢生錢。女人30歲到40歲之間，家庭、事業等各方面已經逐步走向穩定，收入、投資也逐漸步入正軌，同時也是真正打拚的年齡。因此，投資可以激進一點，股票、基金、黃金都可以嘗試一些。房產投資是一項保值增值的絕好投資，如果是背房貸的話，那還是一種強制儲蓄，每月的房貸可以在無形中壓縮妳的開支，並且將來房子還會成為妳的經濟保護，從而保證妳的獨立自由。

除此之外，家裡的孩子也逐漸長大，為了孩子的長遠考慮，可以為他設立一個教育基金。同時，還要適當增加一些銀行理財或購買黃金等。在保險方面，由於這時候大部分家庭都是處於夾心階段，因此，保險需求和考慮因素最多。一般要從健康醫療、家庭經濟、子女教育和退休養老四個方面的費用進行考慮。女性有了較高收入後，最好購買專門的女性重大疾病險，保障期限最好長一點。還可以適當購買保障性高的終身壽險或含理財功能的養老金、儲蓄險，特別是一些組合產品或計畫，保障全面，收益相對穩定，是不錯的選擇。只要妳用心規劃，保險將是一個非常可靠的「朋友」，它可以為妳的將來保駕護航。

在現代社會，年過三十以後，妳要想做一個獨立自主的現代女性，僅僅是美女、才女遠遠不夠，妳還必須得是一個財女——擁有高財商的女性，妳不一定要身處頂尖，也不一定要成為中流砥柱，但是妳必須學會投資理財。

為自己存一筆可觀的錢

我過得「省」，是希望有一天退出影壇時，有能力自給自足。我不願意依賴婚姻。
——林青霞

許多女人從小生活在父母的庇護下，一直被灌輸「金錢沒有用，金錢是醜惡的」等觀念，她們對金錢沒有概念，根本沒有認識到金錢的重要性，以至於年過三十，依然沒有樹立正確的金錢觀。金錢雖然不是萬能的，但是女人也不能用厭惡的眼光去看它，它是每個人應該擁有的東西，也是女人必需的東西。

女人在二十幾歲的時候會堅定地相信愛情，但是如果在三十歲的年紀，女人如果仍然只相信男人，那她一定就是白癡了。在這個情感動盪的社會，相信誰也不如相信金錢踏實。這並不是崇尚拜金主義，而是要認識到錢在女人生活中的重要性。

女人到了30歲，最應該相信的是手裡有一筆能給自己買想要的東西的錢。余筱芳高中畢業後在一家公司做秘書，之後，又做了總經理的妻子，接著順理成章地從公司辭職，當了男人籠子裡的金絲雀。她對自己的生活很滿意，因為她想怎麼花錢就怎麼花錢。可是幸福的生活太短暫了，半年後，余筱芳的丈夫提出離婚，她才傻眼了。工作丟了，手裡一分錢的存款都沒有，哭也不能改變任何現實。

女人到了30歲，應該懂得存錢的重要性。為自己存錢，是一種明智之舉，也是一種未雨綢繆的先見之明。女人只有在富足時積極儲備好必備的物資，才能在困難時期安然無憂。

影星林青霞就是一個聰明的女人，因為她依靠自己賺錢養活自己，從沒想過要依賴婚姻，雖然林青霞的丈夫是一個非常成功的商人。林青霞說：「我過得『省』，是希望有一天退出影壇時，有能力自給自足。我不願意依賴婚姻，因為碰到可靠的人是自己的造化好，否則，我又能怎樣呢？」林青霞的這番話使人們在讚歎她精湛的演技的同時，佩服她的智慧與長遠眼光。對30+女人來說，對這番話的理解可能會更深刻，更有感觸。

人的一生離不開朋友的幫助，朋友會在我們面臨困境的時候伸出援手，朋友會為我們排憂解難。對30+女人來說，手頭有一筆可觀的存款就像是身邊有一個最好的朋友，因為這筆錢能夠在關鍵的時候應急，能在女人最需要的時候發揮作用。

女人手裡存點錢，是有很多好處的，省得女人把婚後所有的希望都寄託在男人的身上，如果自己的男人是一個扶不起來的阿斗，那女人豈不是只剩下了哭泣和抱怨。或者，女人把自己所有的錢全部用在平時的吃穿用度上，萬一和老公鬧起了彆扭，豈不落一個人財兩空的下場。所以，女人為自己存錢是一件很正常的事情，千萬不要認為這是一件可恥的事情。

30+女人，以後不要再進了職場就邁不動腿，也不要輕易相信男人的任何承諾。只要女人把沒有必要花的錢存起來，不知不覺，就會為自己積累一筆可觀的財富。

創造屬於自己的房子

我要一所大房子，有很大的落地窗戶，陽光灑在地板上，也溫暖了我的被子。
——《完美的一天》

女人都是愛虛榮的，區別僅僅是程度上的不同。女人嚮往奢華浪漫的生活，也嚮往有一個可以放鬆身心的地方。為了達到自己的目的，有時候女人會身不由己，面對物質，只好委屈自己的尊嚴。比如，為了房子，可能被迫跟一個自己不喜歡的人結婚。女人有自己的房子，結果就大不一樣了，她可以跟自己喜歡的人一起快樂地生活，再不會為了房子而出賣自己的尊嚴。所以，年過三十，女人應該努力創造屬於自己的房子。

夫妻之間難免發生矛盾，沒有自己房子的時候，娘家是女人首先選擇要去的地方。一番哭，一番鬧，一番數落，搞得自己的父母也很不痛快，讓家人跟著自己一起義憤填膺。女人如果有自己的房子，大可以甩手出家門，只要回到自己單獨的小套房，可以什麼都不管，也不用再讓家人跟著自己著急上火。所以，年過三十，女人應該努力創造屬於自己的房子。

如果變故發生，女人突然覺得，自己可能什麼都沒有了，包括自己住的地方。而有了自己的房子，女人也算有了自己的不動產，才不會成為男人的附庸，不用看男人的臉色行事，才可能實現真正的獨立。只有這樣，女人才會更有保障，更加自信。所以，年過三十，女人應該努力創造屬於自己的房子。

如果女人結婚很久都沒有一間屬於自己的房子，那她的心會一直漂著，不安的感覺會伴隨著女人一生。《蝸居》中海萍一直想有屬於自己的房子，當她發現不能依靠自己買到房子的時候，她近乎絕望，發瘋地說：「如果我發達了，我一定會毫不猶豫地離開他。」女人沒有自己的房子，會擔心自己沒有居住的地方，還會擔心自己的生活來源，這將成為一個心結。所以，年過三十，女人有自己的房子是非常必要的。

無論是30歲的未婚女人還是已婚女人，都有一定的經濟基礎，她們有一定的實力，這就更需要女人來置產。30⁺女人絕不能再流連於百貨公司的專櫃，因為總有一天，妳會發現自己的住處堆滿了無用的東西。房子卻不同，它是實實在在的東西，任何時候都不會貶值。

30⁺女人不但要追求精緻的生活，更要打造出安定的生活環境，每當工作上有壓力或者在外拚搏累了的時候，都可以回到自己的小家，釋放壓力，養精蓄銳。

第四章

回歸自我，做自己心靈的主人

重新認識妳自己

一個擁有堅強自我的人，永遠是最可信和值得尊重的。

人的一生都是在不停地學習和積累中度過的。經過的事，走過的路，讀過的書，都會在我們身心上留下痕跡。在人生的河床上，不斷跌跌撞撞，被歲月的潮水一點點磨去稜角、消去鬥志，逐漸成了鵝卵石。我們的本質變得堅硬，然而，越來越相似的形狀，讓我們迷惑，讓我們忘記了自己原本的樣子。

沒有人願意隨波逐流，但是，也沒有誰能完全自主全部地去生活。我們的生活，一半是自己努力塑造著，另一半卻被不知名的力量掌控著，這大概就叫做命運。有些時候，妥協是生存的必需，但是再大的困境和打擊都沒理由讓我們放棄自我。

前陣子剛看過《妻子的誘惑》，明知虛構，卻還是有觸目驚心之感。一個那麼善良柔弱的女人，竟因為仇恨變得殘忍貪婪，真是痛惜。其實從始至終，她都沒找到自己。最初以貧困之境嫁入豪門，她選擇卑微懦弱地活著，完全順從別人的意願；生活的突然打擊，她選擇了一個復仇女神的角色復活，選擇攫取、欺騙、傷害，說到底還是個用別人的錯誤懲罰自己的可憐蟲罷了。一切的悲劇，不是來自那個背叛的男人，而是她自身，從未找到自我。

女人，年過三十，該經歷的已經經歷了大半，是時候停下來，靜靜地審視內心，拂去心靈的塵埃，做回原本的自己了。這個過程，我們權且稱為「回歸自我」。

要做到本性的回歸，首先必須認識自己。因為走得匆匆，我們的心靈已經蒙塵而來不及擦拭，只是任命運驅趕著不停前進。我們忙著去琢磨別人的心思，在職場、情場上花盡心思玩計謀，爭取自己的利益最大化。現在，該花心思來認識一下自己了。那個曾經善良純真的妳，那個驕傲自信的妳，那個總為別人著想的妳，曾在現實面前被妳一次次否定和改變，而現在看來，那個曾經的自己該是多麼美好啊。

認識和認同了那個「本我」，下一步，就是揚棄和剝離那些掩蓋本我的雜質，恢復原本的自己。雖然命運還是會逼迫我們左右搖擺，但現在的你已具備了堅持自我的勇氣和自我保護的能力，完全能夠保有這個妳認同了的自我。

認識、認同和揚棄都是基礎，更重要的是堅持。現實的力量很強大，它總是試圖以它的樣子來塑造我們，而現在，妳擁有了自我，妳便有了根本。這個根本，讓妳不再隨波逐流，不再人云亦云，不再被別人的言論左右。這個自我，讓妳認清了方向，並努力去實現；這個自我，也讓妳看清什麼是妳最珍貴的東西，妳會更加珍惜和保護。

好吧，女人，不要懷疑，回歸了自我，妳就能夠主宰自己的內心，妳就是自己心靈的主人。

活在好心態裡

生活就像一面鏡子，你對它笑，它自會笑臉以對。

人的一生就像海浪，有潮起，必有潮落；有成功的鮮花掌聲，也必定會有失落的低沉狼狽。所有經歷映照在內心深處，都會影響我們的情緒。但是不管經歷如何，情緒是否大起大落，都必須有好心態，因為，好心態就像陽光，無論身處何種境地，都能讓妳遠離孤獨，倍感溫暖，都能照亮妳的生命，讓妳在人生蹉跎時，不致迷失。

女人是神經比較纖細敏感的動物，因此情緒受環境經歷的影響也就愈明顯。尤其30歲以後，經歷的累積，家庭結構的驟然變化，都會讓她們無所適從，這時候，好心態變得尤為重要。好心態就是讓我們能正確處理心內之情、心外之事的心態，是積極向上的、自信樂觀的心態，是平和自適的心態，是懂得感恩的心態。

積極向上的心態能在高潮時積極上進不難，而能在經歷挫折時迎難而上卻需要極大的勇氣。很多彪炳史冊的人物，正是擁有了積極的心態，才克盡萬難，成為萬人敬仰的英雄。我們不需要做英雄，但也絕不做碰到困難就退縮的膽小鬼，只要目標是對的，就一定要堅持，告訴自己，只要努力就沒有做不到的。失敗時，別找理由，而要找方法，能夠改正錯誤、達成目的的方法。擁有了這樣的心態，妳已經奠定了成功的第一步。

自信樂觀的心態。走向成功的路很長，在此期間難免跌倒。有些人開始時很樂觀，但挫折接踵而來後，便開始懷疑自己，懷疑自己的能力，懷疑自己的方向，開始自怨自艾，這樣的人，永遠不會有所作為。只有始終相信自己，相信自己能成功的人，才具有了成功的資本。自信的人是樂觀的，因為他能在挫折時，看到自己的進步；能在低谷時，看到心想事成的輝煌前景。她們笑著，並不斷朝目標前進，只因始終堅信自己能成功，這種信念，註定她們會是站在最高峰接受敬仰的女人。

平和自適的心態。其實也就是常說的平常心。勝可驕，但不可得意忘形；敗可餒，但不可一蹶不振。一時的情緒起落是有的，但她們能很快調整自己。能夠笑看成敗得失的女人，本已具備了大師的心態。什麼遭遇都不能讓她們放棄自我，她們總能找到讓自己舒服的位置、姿勢和方式。她們不驕不躁、不冒進、不退縮，能在逆境中仍然坦然、淡然並且自然地享受生活，這樣的女人，怎不讓人羨慕和由衷欽佩。

感恩的心態。始終心懷感恩地活著，接受命運賜予我們的一切，把它們都當成別出心裁的禮物，好好珍惜。對身邊的所有人真誠微笑，並努力善待。擁有感恩心態的人，永遠不會怨天尤人，她們心思細膩，善良溫柔，樂觀而坦蕩，這樣的女人，生活又怎能不多姿多彩。

俗話說，生活就像一面鏡子，妳對它笑，它就會對妳真心微笑；妳對它愁眉苦臉，它自然也會同等回報。聰明的女人，一定要選擇修煉好心態，讓自己的生活陽光起來。

懂得控制情緒

情緒就像降雨，細雨潤物，但超過限度，就成了災難。因此，控制變得尤為重要。

喜怒哀樂乃人之常情，平常的就像呼吸，誰都不可能完全免疫。但是若任由情緒失控，卻往往給自己和別人帶來不良後果。看過《三國演義》的都知道，有這麼一個孔明氣死周瑜的橋段，孔明和周瑜是三國裡最廣為人知的一代軍師，但周瑜的用計頻頻被孔明識破，因此產生了瑜亮情結，終於在某次周瑜率領大軍向益州進發，企圖在半路上偷襲荊州時，又被諸葛亮識破計謀粉碎他的理想，結果周瑜被活活氣死，可惜了這位三國將士。小說中雖不免帶有藝術誇張的成分，但卻發人深省。中醫學也認為，人的情緒若不能及時處理，會傷及內腑，所謂「氣大傷肝，哀大傷心」，也正是這個道理。

但凡成大器者，都具有對自己情緒的掌控能力，這就是自制力。自制力越強，成就也往往越大。在現實中，因為不能控制一時的情緒，而做出令人後悔之事的大有人在，等到情緒穩定下來，都無不後悔莫及。

女人，要想讓自己活得從容，活得優雅，活得如魚得水，就必須懂得控制自己的情緒，管理好自己的ＥＱ。

首先澄清一個常見的謬誤，有人認為，控制情緒就是喜怒不形於色，就是壓抑自己，那是完全錯誤的。因為情緒不會因壓抑而消失，相反地，越壓抑會反彈越大，一旦找到了出口就如同衝破閘門的洪水，破壞力之大難以預計。控制不等於壓抑，而是要把握住一個「尺度」，當收則收，當放則放，收放自如，進退得宜，才能稱之為控制。

這裡，我們把控制情緒分成收、放兩方面來分析。先說放，也就是情緒的外放，或者叫宣洩。女人嘛，開心時歡呼雀躍，難過時流淚哭泣，都是無可厚非的，難過就難過一天，高興就高興一天，重要的是，過了就要放下。若情緒積壓下來成為心結，就需要適度發洩，或傾訴，或加緊運動鍛煉身體，任何方式只要能打開心結，又不傷人傷己都是對的、合適的。另外，需要注意的是，外放時一定要選對時間、地點和對象，避免給自己帶來麻煩。要放，也要放的巧妙，放的優雅，放的惹人憐愛而不是惹人厭，千萬別學祥林嫂，無時無刻地傾訴嚇跑了所有人，更不能讓自己變成潑婦，摔東西，大哭打滾，讓人笑話。

情緒的「收」，往往是由具體情境決定的，什麼時候該收，收到什麼程度，要看具體場合，要看妳面對的是什麼人。外人面前，任何情緒的發作，往往都是有害無益的。沒有人有義務為妳的情緒買單，上司面前，同事面前，尤其是對手面前，情緒失控，只是將妳的弱點暴露在外，給人一個擊垮妳的機會罷了。所以，將妳堅強、自信、樂觀的一面給他們吧，真實的、柔軟的、敏感的那一面，只有最信任的人才配看得到，當然還包括自己。

有些情緒，即使在最親密的人面前，也要收起，比如憤怒和生氣。

憤怒俗稱怒火，既然是火，它的破壞性，可見一斑。發火的人，往往失去理智，口不擇言地傷到身邊所有人。為自己樹敵，當然不划算，但傷到自己在乎的人，尤其得不償失。試想，誰會希望自己的女友暴躁易怒？誰會願意跟一隻噴火龍或是母老虎一起生活？靜下來，深呼吸，心靜如水，自能滅火。

華人首富李嘉誠說，生氣是拿別人的錯誤來懲罰自己，而擺臉色給人看，就成了拿自己的錯誤懲罰別人了。二罪並罰，妳擔得起嗎？世上最不好的習慣之一，就是將一張生氣的臉給人看。洗把臉，照照鏡子，看看妳自己現在的樣子，生氣的臉不好看吧？那就試著微笑，笑不出來，哭一場，總比扭曲生氣的臉好看吧？別忘了妳是女人，女人當然要愛惜自己的「羽毛」。

30歲以後，女人一定要懂得控制自己的情緒，讓自己成為一個進退得宜、從容優雅的女人。

為自己保留一份童心

上帝等待著人在智慧中重新獲得童年。

——印度詩人，泰戈爾

有人說童心是對生活的一種態度，也是生命的一種境界，更是對生活、對世界的欣賞和熱愛。這話說得沒錯，所以，女人只要擁有年輕的心，就永遠不會變老。30+女人不要擔心青春不再，容顏漸老，只要童心依舊，永遠是最有魅力的。

隨著世事的滄桑、閱歷的增加，30+女人是否在不知不覺中失去了童心，失去了稜角呢？是否變得圓滑，變得八面玲瓏，做事一板一眼呢？30+

女人只要擁有一顆童心，就擁有對生活的熱愛以及樂觀。相信每個30+女人都渴望擁有一顆「童心」，可是這並不是每個人都能夠做到的。

生活就是一塊調色盤，有亮麗的顏色，也會有灰暗的顏色。年過三十，回頭看一看自己走過的歷程，卻發現在不知不覺中已經丟掉了自己的童心。工作的壓力取代了童年的幻想，繁瑣的生活消磨了女人最初的浪漫。年過三十，與「天真」的距離越來越遠了。

女人學會了敷衍，學會了戴著面具生存，並背負了沉重的思想負擔。可是，女人原本不該失去童心的。擁有一顆童心雖不會為女人換來名利和地位，可是它能夠為女人換來生命的快樂，使女人更懂得感受生活和熱愛生活。

30+女人擁有一顆童心，就會以兒童的眼光去看待這個世界，我們這個世界就會多一份純潔，少一份圓滑。擁有一顆童心，就會擁有老於世故的人無法體會到的童趣，女人可以更加簡單快樂地生活。

30+女人擁有一顆童心，她會把生活看得很簡單，於是那些令人感到煩惱的小事情會煙消雲散。即使生活中有恩怨存在，也會在一笑間冰釋前嫌。擁有童心的女人知道什麼是自己應該努力爭取的，什麼是應該放手的。無論失去還是得到，擁有童心的女人都能夠享受生活的快樂。

俗語說：「歲月催人老。」可是，時間改變的只能是女人的外貌，女人的內心卻不會有絲毫的改變。因為擁有童心的女人永遠都是樂觀向上的，在她們的眼裡，一切都是很美好的。童心未泯的女人擁有年輕的心態，她們不會隨著時間的流逝而走向衰老。擁有童心的女人，即使以後變得鶴髮童顏，走路顫顫巍巍，也一樣擁有青春。

文學大師冰心老人一生寫了大量文章，贏得了千百萬讀者的敬仰。她近80年從事文學創作和長壽的一個重要原因，就是始終保持著一顆純淨高潔的童心。

30⁺女人總是希望能夠像兒童一樣快樂地生活。因為擁有童心，她們看起來會更加年輕可愛，而不曾擁有童心的女人，即使容顏依舊，也一樣是蒼老的。

30⁺女人不要因為自己的年齡或者工作而改變擁有童心的念頭，應該在勞碌的工作和生活之餘，為自己保留一份童心，走好未來的路。即使身份、責任，或者是其他太多的東西已經將這點童心壓制成性格中很少的一部分，也一定不要徹底失去。因為，擁有童心的女人是最真實，也是最具魅力的。

另外，30⁺女人也會因為擁有童心而獲得很多學歷、地位、金錢所不可及的幸福感。

完美害死人

放棄對自己做完美女人的高壓標準，會愛自己，會愛家人。
——著名心理學家張怡筠

現代社會這個大環境對女人的要求越來越高，做「完美女人」的觀點也開始影響女性的內心。於是，被「完美女人」的觀點衝昏頭腦的30^{+}女人開始行動了。

很多人開始追求完美，並且總是把完美當做自己的人生準則。她們總是為自己和家人訂下許多標準，無論是工作還是生活，都要嚴格執行這些標準。她們認為自己越是符合這些標準，自己就越是成功的。

追求完美的她們在工作上要包攬所有的事情，回家還要忙著洗衣做飯，身為人母的30⁺女人還要輔導孩子做功課，希望自己的孩子是最優秀的。稍微有一點空閒，還要做做美容、練練瑜伽。喜歡完美的女人總是希望自己能把事情做到最好，即使這會使她們活得很累也在所不惜。可是，一味地追求完美，就一定能收穫完美嗎？這些完美條令使30⁺女人危機四伏，一味追求完美的她們對自己越來越不滿，越來越沒有自信。她們受不了自己身上有那麼多不完美的地方，她們的心理問題也越來越多。

由於為自己定下的標準過高、過多，這些女人會經受很大的壓力，神經會一直繃得緊緊的，她們承受著本不該有的過多壓力，身心疲憊不堪。尤其是當她們發現事情的發展沒有像自己想像得那樣完美時，就會情緒低落、沮喪，甚至精神崩潰，用哭喊來發洩自己內心的痛苦。

其實仔細想來，世界上哪有真正的完美呢？就連月亮也不會總都是圓的。「完美」只不過是一個相對概念。正因為生活總會存在這樣或者那樣的缺憾，我們才能更加體會到世界的美好，會更加珍惜現在擁有的幸福生活。

著名心理學家張怡筠博士說過：追求完美的女人往往是內心缺乏自尊和自信的，而這一點，她們需要通過別人的肯定來證明自己很優秀。要改變現在的狀況，30^+女人要對自己和周圍的人少提一些要求，不要總是用過高的標準來衡量自己，做到愛自己，愛家人。只有對自己、對朋友放低要求時，才會收穫生活的美好。

中國舊版《紅樓夢》戲劇中林黛玉的扮演者陳曉旭就是一個完美主義者。事無巨細，她總是一個人承擔，寧可累倒自己也不願意麻煩別人。由於壓力過大，她患上了乳腺癌。朋友有的時候想幫她按摩減輕痛苦，可她總是儘量自己去做，從不麻煩別人。就因為陳曉旭追求完美，希望自己的形象一直是完美的，所以她拒絕了治療，不接受手術。陳曉旭的人生很短暫，就是由於過分追求完美的性格才使她過早地離開了人世。

其實30^+女人應該明白：生活是由許許多多的瑣碎細節構成的，很平淡。女人在生活中一定不要過分追求完美，要學會展現自己弱小的一面。只有這樣，30^+女人才會跳出完美的限制，找到生活的幸福。

珍惜妳現有的一切

人要學著去珍惜。

只有懂得珍惜的女人才會真正獲得快樂。女人到了30歲，應該珍惜自己的一切，包括身體、家庭、事業和朋友。這些都是女人最寶貴的財產，應該要好好保護，不能隨隨便便去揮霍。

30⁺女人一定要珍惜自己，沒結婚的女人更是如此。珍惜自己並不是指渾身上下都是名牌服裝，也不是說必須使用昂貴化妝品，而是說女人千萬不能被男人的花言巧語欺騙，糊裡糊塗就交出自己的身體。男人喜歡追求新鮮和刺激，一旦得到了女人的身體，就不再將女人放在心上，所以愚蠢的女人才會寄望於用身體來拴住男人。聰明的女人千萬要珍惜自己，做到自尊自愛。只有這樣，男人才會將妳放在手心，才會從心底珍惜妳。作為女人，尤其是離婚的女人，更要懂得善待自己。不要總是唉聲歎氣，那樣做只會讓自己的情況更糟糕；也可能會使自己更加蒼老，或者失去重新找到幸福的勇氣。如果自己都放棄自己了，那還會有幸福嗎？

30+女人一定要珍惜自己的家庭，好好經營。千萬不能一時糊塗，將自己辛苦建立的家庭搞得支離破碎。女人當然可以有自己的藍顏知己，也可以與自己的藍顏去約會。但是，女人一定要記住：家才是妳避風的港灣，家裡有最親密的人在等待，一定要準時回到家中。

30+女人一定要珍惜自己的事業，好好對待自己的工作。女人的工作可以不風光，也可以薪水很低。但是，有工作的女人起碼在經濟上是獨立的。只有在經濟上獨立，女人才可以真正實現獨立。女人自己掙錢，哪怕很少，至少不用在買衣服或者化妝品的時候再看男人的臉色，至少在和男人鬧彆扭的時候，可以理直氣壯地說：「我自己養活自己。」陶晶瑩在事業上是一個成功者，相信也是很多女人的偶像。雖然已是兩個孩子的母親，可是仍然很珍惜自己的事業，主持《大學生了沒》和《姊妹淘》等知名節目與網站，正因為陶晶瑩珍惜自己的事業，她才能夠在職場上叱吒風雲。

30+女人還要珍惜自己的朋友，別把愛情永遠放在第一位，也不要認為自己有了男朋友或者老公就可以將朋友撇在一旁。如果女人疏遠了自己的朋友，可能在某一天，女人和男友或者老公鬧彆扭時，身邊連一個可以傾訴的對象也沒有。所以，如果妳是個聰明的女人，一定要珍惜肯聽自己傾訴、能為自己出謀劃策的朋友，記得常與自己的朋友保持聯繫。不管情況發生了什麼變化，也不管妳是否戀愛、結婚，甚至生孩子，如果妳遇到了困難，肯定有朋友來幫你。

如果30+的妳能珍惜現有的一切，相信妳會收穫比別人多很多的甜蜜和快樂。

坦然面對一切

得意淡然，失意泰然，一切坦然。

30歲是人生的一道分水嶺，女人更是如此。兩腳剛剛邁過30歲的大門，女人的言談、表現以及心態就發生了翻天覆地的變化。這個年紀的女人開始患得患失，甚至杞人憂天，她們會特別在意一些問題，比如容貌、事業、家庭等。她們擔心自己會老，也擔心自己的金錢不夠多，甚至擔心自己的家庭是不是將來會出現裂痕。這個年紀的女人往往缺乏一種平和的心態。所謂的平和心態，也就是坦然的人生態度。

現實生活中，年過三十的女人往往做不到坦然，因為她們往往看不到自己所擁有的，而只注意自己所沒有的。她們總是覺得自己沒有得到的東西才是好的，甚至等失去了一些東西才懂得珍惜。其實，過去的東西已經過去了，我們再怎麼想也是沒有任何意義的，何況，我們一味地生活在對過去的懷念當中，也會對現在的自己造成一種不好的影響。

30+女人總是很擔心自己的容貌，想著自己還有多少青春。年過三十的女人突然之間開始怕照鏡子，因為她們怕看見鏡中自己臉上的皺紋漸漸增多，怕自己容顏老去。時光無情，容顏改變，這是自然規律。如果女人整天患得患失，非但不能挽留漸漸失去的容顏，恐怕還會損害我們的健康。就像握在手裡的沙子，捏得越緊，沙子流失得也越快。可是，如果我們將手放鬆一些，沙子反而好好地待在手裡。

其實，30+女人，面對青春流逝的問題，最應該做的就是坦然面對。容貌漸老，我們無能為力，可是如果我們的內心也跟著變老，那就真的老了。容貌是否改變，其實主要在於女人的自身，在於女人自身的心態。如果女人特別在意自己的外貌，頻繁購買各種昂貴化妝品或者光顧醫美診所，到最後結果往往事與願違。所以，女人自己覺得老了，就會真的很老。女人如果以18歲的心態去坦然面對自己的年齡，那麼妳一定會青春永駐。擁有一顆年輕的心，坦然面對年齡，這才是女人永保青春的靈丹妙藥，勝過一切的高級化妝品。

30^+女人已經經歷過一些滄桑，對事業、家庭也有了一些感悟，不能再為某些外在的東西所累。這些外在的東西，很多時候都是女人強加給自己的。比如某些命裡沒有的東西，我們不能強求，強求來的東西並不可靠，也讓人不安心，所以還是選擇一種坦然的心態，踏踏實實過現在的日子吧。當事業或者婚姻不順利的時候，也不要抱怨，學會泰然；當妳各方面都處於巔峰時刻的時候，不要得意忘形，學會淡然。總之，以坦然的態度來迎接人生中的不幸與幸運。

30^+女人，我們不妨忘記自己的年齡，忘記自己在工作或者生活上的不如意，調整自己的心態，處變不驚，學會坦然。坦然面對所有的不如意，讓所有的不開心都隨風而去。

簡單就是知道知足

我寧願別人把我當做傻瓜，那麼就不會有人和一個傻瓜計較了，所以女人往往還是笨一點的好，特別是該笨的時候。

——台灣作家，三毛

30歲以後，仍然擁有美麗的容貌固然是一件美事，但那不是永恆，容顏也終有衰老的一天；30歲以後，擁有華美精緻的服飾，固然可以光彩耀人，但那也不是人生的主色調，華美的服飾也難以掩蓋臉上的皺紋。其實，30歲以後，女人應該學會簡單，簡單的心境可以產生無窮的魅力，可以讓美麗伴隨著生命越來越沉澱。

簡單是什麼呢？簡單就是知道知足。家人開心，愛人舒心，孩子歡心，生活寬心，足矣！要知道「命裡有時終須有，命裡無時莫強求」。簡單絕對是一種大境界，遍覽古今世事，但凡至善至美的東西，皆是簡單的。土地質樸無華，但能養育萬物；清水無色無香，但能孕育生命。簡單的生活才是真正幸福的生活。女人30歲以後，應該明白幸福就是知足，就是簡單。人生短暫，只有學會知足，學會簡單，生活中才能少些遺憾，多些幸福。

時時被忙碌衝擊著整個生活，整日裡忙得頭暈腦漲，閒暇時，可曾感覺到一身的茫然？年過三十的女人不妨在紛繁複雜、變幻莫測的塵世中，固守一份屬於自己的質樸簡單的情感家園。

30歲以後，女人真的應該學會簡單，因為30⁺女人禁不起太多的繁華。看看那些因為過勞而生病或是死亡的明星，妳會感覺到，原來生命真的很脆弱，真的禁不起太多的折騰。尤其在女人風華正茂的時候，何必要去疲於奔命呢？花開很容易，花謝也很容易。

30歲以前，為了生存而四處疲於奔命，可是年過三十為什麼依然要為工作而四處奔波，把不該攬的工作也攬到自己身上呢？難道真是解決不了溫飽？貪婪，使我們對於自己已經擁有的東西不知滿足，卻總是羨慕那些不屬於自己的東西，為了車子、房子和各種高檔消費品而奔波；欲望，使我們迷失了自我，即使年過三十，還在為了擁有更多的金錢而疲於奔命，奔來奔去，只是感覺到無窮的勞累，此時又何談快樂呢？失去了快樂的生活，何談幸福。

30歲以後，妳應該知道，易逝的青春不容忽視，年過三十應該學會簡單，只有這樣，才能讓生活的沉重和苦澀變成前行的動力，才能了悟人生的禪機，才能讓美麗幸福永遠伴隨著妳。

在經歷了繁華和忙碌之後，妳會發現簡單地活著真是一種幸福啊！30歲以後，不要再為一些應酬來委屈自己，偶爾地放縱一下自己，反而可以更輕鬆。年過三十，妳應該明白再多的錢也填不滿內心欲望的溝壑，那就索性放鬆一下自己那急匆匆的腳步，慵懶一下也未嘗不可。

簡單是一種美麗的生活，它會讓自己徹底地放鬆。在黃昏時刻，睜開慵懶的雙眼，慢慢地品一杯咖啡，靜靜地聽一首爵士樂曲，或者與三五好友品茶聊天，這樣的生活多美啊！

30歲以後，女人應該學會簡單地生活，淡淡的來，淡淡的去，少之又少的出頭露面會換來靈性的寂靜，對人生、對世間的寬容和苛求，得到的是自己內心的寧靜和平衡。

告別天真，成為一個知性熟女

理想的人物不僅要在物質需要的滿足上，還要在精神旨趣的滿足上得到表現。

——德國哲學家，黑格爾

《紅樓夢》中賈寶玉經常說：「女兒是水做的骨肉，男人是泥做的骨肉，我見了女兒便清爽……」誠然，女人如水，天真年輕的女孩就如那山澗的清泉，歡快而輕盈，綻放著青春的活力。那麼30歲以後呢？30歲以後，女人經歷了愛情的洗禮、家庭的薰陶、事業的挑戰，這時的女人已然完全換了一種處世哲學，換了一種思考習慣，換了一種人生感悟，這就是成熟知性的女性，她們就如那寬闊平穩的江海，雖然少了迸濺的浪花，少了炫目的色彩，可是卻婉約有致，內涵豐富。這樣的女人更加令人陶醉。

30歲以後，女人就要告別天真，不要再像女孩子一樣為失戀而哭泣，不要再為生活的瑣事而煩惱，也不要像女孩子一樣再去發嗲撒嬌。三十歲，是女人年齡的一個分水嶺。30歲以後，女人就如那窖藏多年的陳釀，濃烈而又醇香，妳可以擁有很好的事業，但又不能同於那世俗意義上的女強人；妳要充滿知性的柔和與美麗，工作積極但又不失女人味；既不要像小女孩般單純，也不要如老女人般狹隘；成熟、理性、睿智、大氣，應該是妳的標誌，這便是知性熟女。

在當今社會，似乎一切都被商品化，甚至連女性的青春和美貌也成了一種特殊的商品，且不說各電視台的「選美」或是宅男女神ＰＫ賽，鋪天蓋地的海選佔領了人們的目光，就連女大學生找工作，長相也成了一個重要的籌碼。可是，青春易逝，紅顏易老，當青春和美貌不再時，人們發現在知性熟女的身上，時間不再那麼恐怖，歲月反倒成了塑造她們並使其內在得以彰顯的魔術師。她們把女性的文化底蘊和自身的美麗性感完美地融合在一起，優雅大方，魅力四射。

最受人關注的演藝圈中，多少帥哥美女如曇花一現，要知道，單憑外形來吸引觀眾目光的，並不能長久。與之相對的，有些名人像是沈春華、陳文茜、劉若英等，雖然不是那種第一眼就令人驚艷的國色天香，可是她們很有才情，溫和、清爽、睿智、真實，所以她們就可以經久不衰，一如那淡淡的清茶，芬芳溫潤，愈品愈香濃。

沈春華堪稱職業女性的典範，集主播、主持於一身，端莊優雅；陳文茜有著許多知名著作和媒體作品；劉若英的詞曲也並不亞於她的歌聲，這些女性都是以自己的才情而不僅僅是容貌贏得了人們的尊敬，為世人矚目。她們感性而不張狂，典雅而不失孤傲，內斂而不失幽默，時尚、自信、大度、聰明、睿智，懂得愛惜自己，也懂得尊重別人，就如那久經雕琢的璞玉，經過了歲月的打磨，圓潤而剔透，讓人感受到延綿不絕的美麗。

30歲後的女人就要做這樣的女人，不再為人生的失落和挫折而大喜大悲，不再為愛情的跌宕起伏而沉淪，好好地修煉自己，讓自己的內涵豐富起來，讓自己變得秀外慧中，成為優雅的知性熟女。

擺脫煩惱，卸掉沉重的枷鎖

煩惱、苦惱、憂鬱、痛苦從心來，從心滅！快樂從心起！

女人是一種喜歡鑽牛角尖的動物，30+女人更是如此。女人的性格決定了她們經常會沒事找事，自尋煩惱。而自尋煩惱的直接後果就是背負沉重的情緒包袱，整個人變得鬱鬱寡歡，喜歡抱怨，覺得全世界的人都虧欠自己，自己是世界上最委屈的人。

30+女人，容易被煩惱糾纏，除了與自身生理、心理特點有關外，還與家庭、社會環境等有關。因此，感到壓力與煩惱的女人數量要多於男人。其實，30+女人為何要背負沉重的情緒包袱呢？何不放下包袱，擺脫煩惱，讓自己快樂起來呢！

要想擺脫煩惱，女人首先要克服自己的「怨婦」心理。「怨婦」普遍有這樣一個心理，就是：自己付出很多，別人就必須對自己付出更多作為對自己的回報。而自己的要求如果得不到滿足，就怨天尤人，徒增許多煩惱。其實，任何人都不能對自己親近的人提許多過分的要求，女人也是一樣。親人沒有責任和義務滿足妳的任何要求，而且作為三十多歲的妳，不應該也不能要求別人回報。

30^{+}女人擺脫煩惱的最好方法是整理好今天的心情，不要讓昨天的壞情緒破壞今天的好心情。昨天的，已經成為過去，即使妳情緒糟到腸子糾結成一團也於事無補；明天的，還沒有到來，即使有擔心，也是多餘的。而今天，是實實在在的一天，只有好好把握，才是最明智的做法。

30^{+}女人不要太過在意別人對自己的看法，只管用心做自己該做的事情就行了。人的精力都是有限的，哪還有過多的心思去在乎別人的評價呢？聰明的人這樣對待反對自己的人：「如果我聽到大街上有人罵我，我是不去理會的，根本不想理這樣的無聊之人。」何況，俗話說「眾口難調」，又有誰能夠保證自己會讓所有人滿意呢？恐怕世界上的任何一個人都不能夠。既然這樣，妳又何必自尋煩惱呢？妳最好的做法就是不傷害別人，也不要被別人的議論所左右。

30⁺女人要善於調節自己的心情，讓快樂時時伴隨自己。雖然30⁺女人沒有辦法改變別人對自己的看法，卻能夠掌控自己的心情。如果女人放棄煩惱，丟掉怨恨，就會收穫美好的生活，因為那把能夠創造美好生活的金鑰匙就掌握在女人自己手中。

30⁺女人不要過多地追逐名利上的東西。曹雪芹在《紅樓夢》中說：命裡有時終須有，命裡無時莫強求。如果不切實際地追尋一些世俗的東西，追到手就罷了，追不到手，豈不是又徒增煩惱？生活是一件很美好的事情，不要讓虛幻的東西使自己的心變得很累。如果心累，不單單身體會處於不健康狀態，造成精神不振，更多的是失去了生活的意義。所以30⁺女人，別讓自己的心太累，擺脫煩惱，解脫心靈。

真誠地對待過程，豁達地看待結局

學會在變故面前不倒下。

30歲以後，女人的角色悄悄發生了變化，原來父母細心呵護的寶貝，男人捧在手心的公主，現在悄然蛻變成日益老去父母的依靠，成立不久家庭的支柱，懵懂無知的孩子的全部。在全新的角色下，女人沒有機會也沒有權利再撒嬌、示弱，她們不得不學會在變故面前不倒下。

女人到了30歲以後，工作和生活可能會出現些許的不如意，也可能會遇到降級、解僱、離婚等變故。有的人面對變故不知所措，從此一蹶不振；可是，有的人卻能夠輕鬆面對這些變故，很快便能重返生活的軌道。

不同的人遭遇了同樣的變故，應對結果卻因人的不同而大相徑庭。為什麼會有這樣的差別呢？關鍵是女人處在挑戰和威脅下，是否具有應對變故的能力。有了這種能力，女人才會不怕挫折，從容應對。

30⁺女人，面對變故時要保持一種積極向上的態度。即使害怕失去，也要將微笑掛在臉上。遇到變故或身處尷尬狀態時，不要一味閃躲，手足無措，或者指責他人，而要自我解嘲，想辦法改變現有的狀態。這時候的妳絕對不可以失去信心，甚至憤世嫉俗，一副看破紅塵的樣子。無論什麼樣的變故，都要把它看做自己的一次超越和重生，看做是上帝對自己的考驗。

30⁺女人，要學會抵制外界的誘惑，提高自身免疫力，學會好好保護自己，做到自尊自愛。當變故發生時，不妨努力使自己的心態保持平衡，吃不到葡萄時大可以對自己說葡萄是酸的，根本沒必要把某些虛幻的東西太放在心上。

30⁺女人，千萬不要將心事壓抑在心。對妳而言，家人是妳遇到煩惱時的最好傾聽者，永遠守護在妳身邊。假如妳工作不開心，說出來吧。宣洩不失為除去壓力的好辦法，女人們在向前行中千萬不要讓過重的包袱壓垮妳的肩膀。

英國前首相邱吉爾曾說：「為了避免煩惱或者大腦的過度緊張，我們都要有一些愛好。」30+女人應該有自己的愛好，比如唱歌、練瑜伽、繪畫等，這些事情能調節我們緊張的情緒，緩解我們的壓力，使我們在挫折來臨時不被擊垮。

面對挫折，學會在逆境中突圍

不幸可能成為通向幸福的橋樑。

——日本諺語

有這樣一則小故事：一個小男孩在草地上發現了一個蛹，於是，他將蛹帶回了家。幾天後，蛹的頂部裂開一個小縫，一隻蝴蝶掙扎著要從小縫隙裡鑽出來。可是，縫隙太小了，蝴蝶怎麼努力也掙脫不出來。善良的孩子不忍心看到蝴蝶這樣痛苦，於是他剪破蛹殼，幫助蝴蝶鑽了出來。可是蝴蝶卻根本飛不起來，不久蝴蝶就死去了。這則小故事的寓意對剛剛走過30歲的女人頗具現實意義——女人要想得到一個幸福的人生，必須能夠經受挫折，只有從逆境中突圍出來，才會擁有美好的未來。

我們都知道，人生在世，不可能總是春風得意、萬事順利，誰能不遇到一點挫折？而女人因為許多的因素，可能人生遇到的挫折會更多。如果30⁺女人能夠保持一種平和的心境，以正確的人生態度面對挫折，就會打敗挫折，反敗為勝。正如馬克思的一句名言中提到的：「一種美好的心情，比十帖良藥更能解除生理上的疲憊和痛楚。」

30⁺女人遇到挫折時要再接再厲，鍥而不捨，勇往直前。作為一名在資訊通訊行業的女性領導人——王雪紅，她的成功也並不是一帆風順的。她對待挫折的態度，以及她的成功經驗值得大多數30⁺女人去學習。1982年，王雪紅進入二姐王雪齡創辦的大眾電腦公司事業部，負責銷售工作。為了衝銷量，她總是一個人拖張大桌子，租個展會攤位向大眾展示電腦。之後她接了一筆高達七十萬美金，來自西班牙的訂單，對方還沒有付款，王雪紅就一股腦的進材料、製造、供貨，但她卻沒想到對方竟然不付款，她覺得姊姊和姊夫的公司就要被自己拖垮了。就是遭受了這樣的人生挫折，王雪紅也從來沒有想到過退卻，她親自飛到西班牙，租了個公寓準備長期抗戰向對方討錢。在等待案件審理的大半年裡，王雪紅帶著電腦在歐洲各地尋找機會。正是這段日子，讓她打開了大眾電腦在歐洲的市場。「後來我認識到，困難是一個人成熟的機會。一個人要成功，就得選最困難的事情去做。」每每遇到難關，她都努力讓自己繼續前進。王雪紅最後成功了。正如松下電器總裁松下幸之助所言：逆境給人寶貴的磨練機會。只有經得起環境考驗的人，才能算是真正的強者。自古以來的偉人，大多是抱著不屈不撓的精神，從逆境中掙扎奮鬥過來的。

在挫折來臨之時，30⁺女人除了要有敢於鬥爭的勇氣之外，不妨嘗試一下其他的方法。30⁺女人可以做些自己喜歡的事情來轉移自己的鬱悶情緒。寫寫東西、練練書法、跳跳舞都是很不錯的轉移情緒的做法。

30⁺女人還要學會發洩自己的情緒。如果碰到挫折，不妨找幾個理解自己的「閨中密友」，將自己的壓力與苦惱一股腦地說給朋友聽。通過傾訴，挫折所帶給女人的精神壓力就會消失一大半，就能減輕自己的精神疲勞。

除此之外，自我解嘲也不失為女人宣洩煩悶的一種好方法。當女人遭受了挫折，可以嘗試一下阿Q的精神勝利法，冷靜地看待挫折，通過自我解嘲使自己的心理平衡，用幽默的方式調整自己的心態，做一個正面面對挫折的堅強女人。

不要為打翻的牛奶哭泣

牛奶打翻了，無論你怎麼著急，怎麼抱怨，都已經無法挽回，現在能做的就是把它忘掉，集中精神去做下一件事。

生活中，我們常常會羨慕那些家庭幸福、事業成功的女人，覺得自己的半生過得太過平凡，也太過委屈，甚至還會後悔學生時代時沒能選一個熱門的科系，導致現在工作不如意，更談不上事業成功了；結婚時又沒有嫁一個金龜婿，使得現在的生活窘迫。看著那些幸福的女人，就覺得她們太聰明了，而自己真的是太笨了，做什麼事都做不好，似乎連做一件小事都會犯錯誤，就更不用說大事了。

這些所謂的不幸女人們，面對自己一塌糊塗的生活，整天都在自怨自艾，為自己做過的每一件事情感到懊悔，為自己犯下的每一個小錯誤自責，甚至沒有犯錯時也會心事重重，她們的心中永遠壓著一塊重重的石頭，從她們的臉上你看不到一絲滿意和幸福。想一想，這樣的女人怎麼可能會感受到幸福呢？她們又怎麼會得到幸福、享受成功呢？

30⁺女人就不要再為打翻的牛奶哭泣了，有句俗語說「覆水難收」，已然打翻的牛奶，無論妳怎麼著急，怎麼懊悔，怎麼抱怨，怎麼哭泣，都是毫無意義的，牛奶已經無法挽回了，妳一味地自怨自艾，於事無補，於將來也沒有好處。與其如此，還不如把它忘掉，去享受更美味的咖啡。道理就是這樣，已然犯下的錯誤，如果無法挽回，那麼妳就要放下，把它完全拋開，收起自己的心情，集中精力去做下一件事。

可以不客氣地說，為「打翻的牛奶哭泣」的女人是愚蠢的女人，聰明的女人會非常自信，她們從來不會在錯誤中一味地內疚自責，她們會很快地調整好自己的情緒，把時間用到每一件自己可以做好的事情中去，然後，充分地享受著成功的喜悅，體味來自成功的幸福感。而在人家享受成功的時候，那些悲觀的女人還在為曾經小小的過失而懊悔自責，做什麼事情也沒有激情，永遠居住在那缺乏陽光的心理空間中，獨自品嘗苦澀、陰暗、晦澀，生活中沒有快樂，也永遠找不到幸福的蹤跡。

30^+女人應該明白，失敗、挫折、錯誤都是人生不可或缺的經歷之一，誰也無法拒絕它們的發生，關鍵在於妳應該懂得用達觀的態度來看待這一切，妳應該明白已經發生過的都是無法改變的現實，這時候的懊悔是多餘而且無效的，妳唯一可以做的就是勇敢地去面對它，從中吸取經驗教訓，然後投入新的戰鬥。

世界上沒有醫治後悔的靈藥，如果妳想做一個幸福快樂的女人，就一定要記住：不要為打翻的牛奶哭泣！笑著去迎接下一個挑戰！

與其心碎，不如放棄

智者在失去中學會珍惜，梟雄在失去中學會捨棄。

早晨起來，對著鏡子，當妳發現眼角那若隱若現的細紋，妳是否會感歎青春的流失？晚上妳準備了一桌飯菜，熱切地等待上學的兒子回家，兒子回來後卻急於去找同學玩，妳是否會感到失落？情人節，妳孤獨地一個人用餐，老公卻不知已去何處逍遙，妳是否會覺得傷心？

現實總是這樣殘酷，失去，這是多麼令人痛心的詞語啊！失去，曾經是那麼的簡單。30歲以前，我們可以瀟灑地說：舊的不去，新的不來。可是，隨著年齡的增長，我們發現，有一些事物一旦失去就是永遠。這殘酷的現實，讓我們既無力面對，又不得不去面對，這中間的無奈，又有誰說得清呢？隨著時間的流逝，30歲以後，面對這失去的和將要失去的一切，女人們倍感無力。無力選擇，也無力阻擋這一切事情的發生，於是就在無奈中學會了接受，學會了妥協，忍著痛磨掉了曾經的稜角，任由歲月的印記刻在心中。

30歲以後，太多失去的遺憾充斥著我們的內心，有時候我們會想假如可以重新來過，我一定會……是這樣嗎？假如時光可以倒流，妳真的不會再次輕易地失去？要明白，沒有失去的切膚之痛，妳怎麼會懂得珍惜。當失去無法改變時，30⁺女人必須培養接受一切的勇氣，必須讓自己那脆弱的心堅強起來！

其實，30⁺女人就應該學會面對失去，而且要坦然並且積極地面對失去。30歲以後，容顏的改變雖然使女人失去了青春的色彩，可是如果內心也同樣老去，那恐怕才是真正的衰老。所以，坦然地面對衰老的容顏，忘記年齡，調整心態，如果妳可以保持內心的童真，那麼青春就會永遠陪伴妳。只有年輕的心才會有年輕的容顏！妳要明白，化妝品裝飾的只是我們的外表，從裡向外散發的青春是任何昂貴化妝品都做不到的。

30歲以後，愛情、事業出現了危機，不要怨天尤人，不要沮喪悲憤，經歷了三十年風雨，對愛情、對家庭、對事業妳該有自己的獨到見解，俗話說，強摘的瓜不甜，強求的東西也絕不可靠。該說再見就不要猶豫，與其心碎，不如放棄。讓自己開心點，妳要明白，失去了還可以重新擁有，誰敢說在人生的航程中，不會有更精彩的發現？

30歲以後，女人要學會面對失去，妳要明白，被動地接受與主動地面對，是有著本質的區別的。當妳可以用積極地心態去理解、去面對這些失去時，妳會發現，失去了並沒有想像的那麼嚴重，也並不值得多麼悲哀，一切問題都會有解決的辦法，失去的一切也可以重新擁有！

珍惜失去的一切吧。在失去中，學會面對，學會成長！

每天要送給自己一個微笑

女人出門若忘了化妝，最好的補救方法便是亮出妳的微笑。

——世界頂級名模，辛蒂・克勞馥

面對家庭的辛勞、工作的壓力，想做一個自信且快樂的30+女人，是非常不容易的。人生一世，難免會遇到這樣或者那樣不順心的事情，生活中，有晴天，有雨天，也有陰天，如果30+女人每天給自己一個從容的微笑，妳會發現，微笑的世界中充滿著多姿多彩，充滿著快樂充實，充滿著生機和希望。女人送給自己的微笑就像燦爛的暖陽一樣，不僅將自己的心靈照得暖洋洋的，還能將溫暖送給其他人。

笑待他人是藝術，笑待自己是智慧。30^{+}女人每天都要有好心情，把微笑送給自己，讓心情放假，收穫的不僅僅是一份從容，更多的是一種對生活的積極態度，一種發自內心的坦然。

30^{+}女人每天給自己一個微笑，心情會更加舒暢，心胸會更加開闊。每天送給自己微笑的女人懂得感謝生活給她們的磨礪和曲折，同時，她們保持快樂、愉悅的心情，用積極的態度面對人生的挫折。心情好了，自然一切都會好。

30^{+}女人總是多愁善感的，很容易被環境所影響而陷入苦惱，甚至是憂鬱，這個時候，女人應該學會自我調節，給自己一個好的心情。最直接有效的辦法就是每天出門時，對著鏡子，給自己一個充滿自信的燦爛微笑。世上沒有任何人能一輩子不遇到煩心事，沒有人能一輩子不經歷坎坷，如果遇到這種事情就陷入自我的「死胡同」而無法自拔，很可能被悲觀、頹廢情緒影響，只有儘快把自己從壞情緒中解脫出來才是最重要的。

「世間本無事，庸人自擾之」。很多情況下，30^{+}女人由於生理特徵的原因，情感細膩，把很多事情想得過於嚴重，不會給自己減壓，使自己在特定環境下陷入自己的情緒圈子裡走不出來。女人經常會把一個小結果在想像的空間裡無限擴大，雖然事情最終沒有出現多大問題，但也會「鑽牛角尖」，使自己的心情變得很糟糕。其實仔細想想，事情哪有那麼糟糕。

30+女人送給自己一個微笑，能為每天的奔波忙碌減壓。不要因為生活的平凡而長籲短歎，更不要因為沒有顯赫的地位而悲哀落淚，使自己的心情充滿著沮喪和歎息。其實，在人生的道路上，只要為創造自己美好的人生盡了最大的努力，就已經足夠了，實現了人生的價值，雖然結果有時並不完全由女人自己決定。

「謀事在人，成事在天」。人生沒有絕對的成功和失敗，只要自己對自己滿意，那就是一種快樂和幸福。只要女人可以主宰自己能掌握的那一部分，並且竭力把它做到最好，就足以為自己鼓掌喝彩。

華盛頓說過，一切的和諧與平衡，健康與健美，成功與幸福，都是由樂觀與希望的向上心理產生與造成的。人生的航船在大海裡，歷經風浪，傷痕累累，只有及時調整航向，完善船身，才能繼續遠航。

在生命的旅途中，女人要有這樣一種風度：失敗和挫折，不過只是一個回憶，一個跌倒重新爬起來不會犯同樣錯誤的新起點。失敗不但不會增加生命的負重，還會成為人生一份珍貴的禮物。在失敗中仍然露出笑容，那才是女人最值得驕傲和自豪的地方。

美麗優雅的30^{+}女人，每天要送給自己一個微笑。保持一份優雅的心境，維護一份燦爛的心情，為自己送上一個自信的微笑，妳就會擁有一份從容的人生。

淡定一點，從容一些

一個人無論處於何種境遇，最重要的是保持一顆平常心。隨遇而安，擁有一份淡定從容，才能坦然面對人生。

有些女人天生要強，處處要爭先，事事強出頭，結果只落得處處碰壁，有些女人，三十已過還沒找到歸宿，活在別人過於關注的眼光裡，感覺壓力重重，心情煩悶，滿腔情緒無處傾瀉，只能獨自壓抑、苦惱著。

這樣的女人太多了，更襯得另一種女人卓爾不群。她們素雅如菊，淡定從容，優雅綻放。她們或許平凡，做著很普通的工作，過著很普通的生活，但她們享受自己所擁有的一切，知足著，快樂著。全力以赴地去做每件事，放棄不屬於自己的東西，充實地過每一天。她們平凡著，但也幸福著，因為她們找到了最好的生活態度，那就是：淡定、從容。

有些人或許是天生淡然，但多數時候，淡定從容是一種修養、一種境界，是需要不斷學習，漸漸磨練，逐步養成的。說到底，學起來也並不難。

流言蜚語少聽一點，別人的眼光看淡一點。俗話說：「誰人背後不被說，誰人背後不說人？」流言是客觀存在的，以訛傳訛是那些惡俗之人的遊戲，而我們，不屑於與之為伍。這樣告訴自己，妳便可將之慢慢看淡。被關注有時是件很痛苦的事，看看演藝圈就知道，有多少明星因不堪關注而自殺，我們有時也會被別人的眼光壓抑著，不能暢快呼吸。換個角度想，她們看妳、傳閱妳的消息，其實是要看妳怎樣回應，如果妳仍按自己的方式生活，他們看不到想要的，自然失了興趣，流言不攻自破，目標自然轉向別處。

要懂得適時放手。總有些事不盡如人意，總有些物不歸我們所有，總有些人必會離開。佛曰「勿執」，執念是把刀，傷得最重的，當然是握得最緊的那個人。什麼名利，什麼財富，什麼如意郎君，放手吧，如果已不再屬於妳，那即使妳再努力，也只讓自己更痛苦、更尷尬。微笑，放手，轉身離開，總有一處風景是專為妳而美麗著。

如果有時間，把步調調慢些，慢慢地享受生活。步履匆匆的人，是在趕路，然而即使早到了目的地，也已錯過了沿途最美的風景。人生不是賽場，且把它當成遊樂園吧，歡樂藏在隨時隨地，只要妳全力以赴每一個環節，妳的人生必將是充實的、美滿的、無悔無憾的。

別跟別人比高低，也別太跟自己較勁。世上的人本就千差萬別，不能用一把尺來衡量，只要努力了，都是最好的。太注重跟別人一較高下，只會讓妳逐步偏離自己的方向。想清楚妳到底要什麼，想清楚哪些對妳來說是最重要的，好好珍惜身邊的人和事，努力向自己的目標前進，走過的每一步，都不會留有遺憾。

女人30⁺，本是最美的時光，好像花開到七成，最豔、最香的時候。退卻了少許的年少青澀，卻還沒沾染更多世故，成熟、優雅、通達，善解人意，風情萬種，再加些淡定和從容，妳便如悠游於大海中的美人魚，愜意、自得。

達天知命，心如明鏡

世事洞明皆學問，人情練達即文章。

——曹雪芹《紅樓夢》

從一個稚嫩的嬰兒，到天真的女孩，到蛻變成成熟的女人，就像一隻蝴蝶的美麗演化，30歲以後，女人已完成了一生的華麗蛻變，所有的經歷，教會她們思考，對於生活，對於責任，對於未來，她們都有了全新的認知。她們終於能夠「達天知命，心如明鏡」一般清澈。

30歲以後，女人不再相信南瓜馬車與玻璃鞋的童話，她們知道，所有的收穫都必須付出耕耘和汗水，即使真的有王子，也必會有公主與之並肩，披荊斬棘才能擁有幸福。

30歲以後，女人不再相信愛情可以當飯吃的謊言，明白了激情的煙火雖然絢麗，但綻放過後，還是要過柴米油鹽、跌跌撞撞的現實生活，於是，她們認同了自己和伴侶的不完美，認同了生活的繁瑣單調，並樂在其中。

30歲以後，女人懂得了責任，她們不再依賴父母和另一半的寵溺保護，而將責任主動抗在了稚嫩的肩上，雖沒有了公主般的優越輕鬆，但她們卻成為身邊人可以信賴的伴侶。她們每一步變得踏實，每一天也更加充實。

30歲以後，女人學會了寵辱不驚。如果成功，她們知道那是自己努力的結果；如果失敗，她們相信是自己沒有百分百付出。她們會用得體的微笑回報身邊所有人，讚歎的、支持的，抑或嘲諷的、幸災樂禍的。她們已能掌控自己的命運，又何必在乎那些冷言冷語？

30歲以後，女人開始笑看得失。她們相信，沒有一樣事物是天生屬於誰的，「得之，我幸；不得，我命」。她們相信，自己失去的，會被得到的人加倍珍惜著；而自己得到的，也終將得到善待。

30歲以後，女人學會不再計較。她們已經知道，十全十美只是幻想，再好的人也有缺點，再美的願望也難免有缺憾，她們開始用寬容的心對待自己和身邊的人，讓大家都過得自在些，也讓生活變得輕鬆些。

30歲以後，女人學會了感恩。她們從稚嫩的孩子身上，看到了父母的付出，也開始為父母的白髮、皺紋心疼，為父母的健康、愉快做努力。她們寵愛著自己的孩子，就像父母當年所做的一樣。擁有了感恩的心，她們成了更完整的女人。

走踏實的路，做踏實的事，30⁺女人，將身邊的人和事看得透徹了很多。因為明瞭，所以達觀；因為達觀，所以寬容；因為寬容，便會有更多快樂。她們知道自己要什麼，朝什麼方向努力，她們也更懂得珍惜身邊的一切，她們努力著、快樂著，將每一天都過得充實而精彩。

如果去KTV，請不要唱那首《不想長大》

生活充滿遺憾，我們必須要快樂。

——香港音樂人，彭坦

香港著名歌手譚詠麟號稱自己是「永遠的25歲」，喜歡從45度角凝視天空的郭敬明在文章中也稱自己是「孩子」，似乎許多人都在害怕長大。女人到了30歲，尤其害怕。眼角的魚尾紋，臉上的色斑，凸出的小肚腩，還有來自社會、家庭等方方面面的壓力，對於一個女人來說，又怎能不留戀青春的歲月？嘴裡唱著《不想長大》，心中充滿的卻是許多的無奈。

30⁺女人拒絕長大，她們渴望被保護的感覺，因為長大就意味著複雜，就意味著承擔，她們非常懷念無拘無束、無憂無慮的童年，不用為了生活而奔波，不用把自己偽裝得像刺蝟，不用承擔所有的後果，不用面對感情的傷害，可以無憂無慮地笑，可以放聲恣意地哭，可以不帶面具地去交任何朋友，可以任意地撒嬌，可以做很多很多事。

30⁺女人需要承載太多的事物，有時甚至還要把塌下來的天空擔負起來，照一照鏡子，發現自己曾經清澈的眼睛裡有了太多的東西，自己已經不再單純。

可是，面對這一切，妳不該感覺悲哀，相反地，妳應該高興，高興妳開始變老，因為這意味著妳不光是年齡在增長，而且妳也得到了相應的智慧，擁有了相應的力量。人在每一個時期都必須保持自己的本色，做自己該做的事，說自己該說的話，這樣身心才能夠更健康。如果再去KTV，請不要再唱那首《不想長大》，要唱就唱那首《姊姊妹妹站起來》，除去尷尬的年齡以外，我們也擁有了改變世界的力量，讓夢飛向天邊無限大！

女人30⁺，依然可以擁有夢想與激情。學著變得堅強，可以永遠保持微笑；學著變得圓滑，可以與各種人和諧相處；學著內外不一，即使是不合口味也要說好……沒必要害怕衰老，探索未來未知的世界才是生命的意義所在，如果能找到自己喜歡做的事情，那成長的過程就是充滿希望和快樂的。生活總是告訴我們：一定要長大！我們不可能永遠逃避，我們必須要面對現實，長大是必須的。我們必須長大去面對這一切，去解決我們要去解決的問題，不是嗎？

長大後的世界，雖然不一定會如想像般美好，可是不長大的世界，會永遠美好嗎？下次去ＫＴＶ，妳還會唱那首《不想長大》嗎？

請不要在別人面前輕易流淚

為了一去不復返的災禍而過度悲傷將會導致新的災禍。
——英國文學家，莎士比亞

都說女人是水做的，晶瑩剔透的大眼睛，不知為何眼淚撲簌簌紛紛而下。女人梨花帶淚的嬌憐是一道誘人的風景，讓男人憐惜，讓女人心痛。可是，女人30歲以後，必須要學會克制自己內心的衝動，始終懷有一顆平常之心，不能在別人面前輕易流淚。

30^+女人應該具有成熟女人的高貴氣質，即使感情再豐富，也要有波瀾不驚的優雅與從容。如果仍然像20歲的小女生一樣為一丁點的情感而感動的眼淚漣漣，為事業、生活上稍稍的不順而傷心欲絕，會顯得很幼稚，更會讓人覺得矯揉造作。

30⁺女人，感情、家庭難免出現不順，痛徹心扉的時候，輕易在別人面前流淚，眼淚便變得不足為奇了。在妳第一次或是第二次落淚的時候，周圍的人可能會陪妳一起難過，耐心安慰妳。可是，時間長了，妳會成為魯迅筆下的「祥林嫂」，即便遭遇惹人同情，可整個人都會從內到外透露出膚淺，會讓別人感到厭惡。

在這個充滿競爭的社會中，所有的人都生活在巨大的壓力之下。每個人都會有許許多多的事情來處理，根本沒有時間看妳的眼淚，也沒有時間理會妳的悲傷情緒。大家都喜歡看微笑的面孔。悲傷的面孔，縱使再漂亮，也讓人避之唯恐不及。

大文豪莎士比亞說過一句話：「為了一去不復返的災禍而過度悲傷將會導致新的災禍。」30⁺女人，一臉的哀傷，不但周圍的人看著難過，自己的生命力也會被這種悲傷情緒一點點磨損、消耗。人生活在這個世界上，都會遇到許許多多的不如意，如果一直生活在低迷的情緒中，沒有生命力可言，那真是生不如死了。

女人30⁺，不如悄悄將自己的淚水埋在內心深處，因為淚水無法將悲傷的事情挽回絲毫。當心中承載不下的時候，不妨獨自一人，找一個角落，任悲傷的淚水盡情揮灑，讓痛苦隨著淚水一起發洩。第二天，呈現在眾人面前的仍舊是燦爛而迷人的微笑。

女人30⁺，笑顏如花的樣子，不光能改變自己的心情，也能將自己的樂觀態度帶給周圍的人。這才是優雅的體現，也可以說是一種美德。

女人30⁺，應該學會獨立，學會堅強，學會生活，學會控制。生活中，不妨多給自己一些鼓勵，讓良好的自信心佔據妳的左右。時刻要相信自己是最棒的，即使生活不如意的時候，也要微笑面對，不能輕易在人前流淚。要知道，眼淚只是一種情感的宣洩，不但改變不了妳的現實，甚至會使妳所面臨的情況更糟糕。把妳嘴角最燦爛的微笑展現給大家吧！這時候的妳就是太陽底下那最漂亮的花朵。

把情緒垃圾放進回收站

壞情緒就像垃圾，積多了會污染心靈，壓迫神經。學會釋放，還心靈一片晴空。

課堂上，老師提問：「怎麼保持積極心態？」第一和第二個學生回答的都不錯，第三個學生可就出了笑話，他回答：「合理排泄。」全班笑翻，然後便傳了開來。剛聽到，確實笑到不行，靜下來想，還真有些道理，排泄是排除身體毒素的方式，而宣洩，其實就是在給心理排毒啊。還真是妙喻。

有了垃圾桶，我們身邊才不至於垃圾遍地；有了回收站，電腦便有了更大的使用空間。人的心靈也是有記憶體的，必須給情緒找到出口，才能容納更多新東西，因此，我們每個人都需要一個屬於自己的垃圾桶、回收站。人活著，會經歷很多事。雁過留聲，每件事也都會在心靈上留下痕跡。經歷越多，累積越多，到了一定程度，若得不到釋放，便會從外在表現出來，壓抑、沮喪、失落等負面情緒洶湧而至，這便是積壓的直接後果。

30歲以後，每個女人都經歷了不少事，好事壞事都在腦海堆積，若不能及時處理，不但會影響情緒，久而久之，甚至會給我們身心帶來一系列連鎖反應，脾氣越來越躁，性格越來越急，肝火上升的同時，連皮膚都會受到波及。為什麼有些女人，臉色陰鬱消沉，脾氣火爆，三十出頭的好年華，看起來卻特別老氣，讓人不敢親近；而有些女人，明明已近四十，卻是笑顏如花，溫柔婉約似二八芳華，讓人忍不住被吸引？說到底，跟能否處理好心態有直接關係。

處理情緒垃圾，壓抑是治標不治本，就像治水，疏導永遠比圍堵有效。最好的辦法，就是要學會發洩。所謂的發洩，絕不是像有些女人歇斯底里地哭鬧，砸東西，雖然雷聲大雨點也不小，但發洩的同時，也將形象毀棄殆盡，成為別人眼中的笑柄。

傾訴是個不錯的選擇。傾訴的對象可自由選擇，摯友自然是最佳「垃圾桶」。當然一定要考慮對方的接受能力，若妳發洩了，卻讓對方鬱悶起來，可就不厚道了。家人、愛人，若能成為妳的傾訴對象，對加深感情也是有幫助的，因為妳選擇的對象一定是妳絕對信任的。

書寫是種很有效的方式。有些女人保留寫日記的習慣，就特別好。通過書寫，自己不能說、不敢說的話，可以一股腦傾訴出來，千斤重擔就放下了一半，心情自然會輕鬆很多。寫寫信，但不必寄出，給那個妳最在乎的人寫永遠不會寄出的信，雖然看來懦弱，也總比壓抑成疾划算很多。

其實，作為女人，最好的發洩方式，莫過於盡情流淚了。都說眼淚是廉價的化妝水，一點也不假，當所有鬱悶被眼淚一沖而光時，心底無比清澈，這樣的妳，全新的妳，毫無負擔的妳，當然會煥然一新。還有，在沒有人的地方，大喊幾聲，把憂鬱交給曠野，然後重新出發吧，實在不行，對著枕頭棉被揍幾拳也很有效，多簡單而實用啊。

其實，每個人的發洩方式都可以不同，只要有效，只要不損人害己，最適當的方式就是最好的。

合理宣洩，30^+女人，可以讓自己更美麗。

第五章

擁有自己的個人空間，活出最真實的自我

每天留出十分鐘安靜獨處

獨處是人生中的美好時刻和美好體驗，雖有些寂寞，但寂寞中又有著充實。獨處是靈魂生長的必要空間，在獨處時，我們回到了自己。這時候，我們獨自面對自己和上帝，開始了與自己的心靈以及與宇宙中神秘力量的對話。一切嚴格意義上的靈魂生活都是在獨處時展開的。

「女人應該有一間屬於自己的房子」，一位作家曾這樣說過。30^{+}女人，告別了喧囂，回歸了平靜；告別了浮躁，回歸了本真；告別了繁華，回歸了自然。有了一種內心的寧靜，更需要一個慢慢咀嚼的空間。

30^{+}女人，相夫教子，為工作打拚忙碌，同時更需要從內心審視自己、放鬆自己。每天在日暮西垂、月上梢頭的時候，獨自坐在窗前，沏上一杯香茗，在裊裊升起的輕霧中，和自己的內心約會，輕聲地問一句：「妳今天過得好嗎？」

騰出空間、時間和自己約會吧，不如意了，安慰自己；沮喪了，鼓勵自己。把自己塵封的往事，拿出來曬曬吧，別擔心別人看見，細細地數數上頭年輕的淚痕，也許會從臉上流下依然年輕的淚水，不再壓抑自己，把自己的感情宣洩出來，反思、回憶，然後收拾行囊，繼續前行。

這個世界太過喧鬧和浮躁，生活在這個世界裡，人們常常會迷失自己。學會獨處，會讓妳在這個喧鬧、浮躁的世界裡活得更加清醒、更加輕鬆。獨處，是一種生活藝術。已故的作家三毛說過：我想有一間自己的書房，不要有窗，也不必太寬敞，只要容得下一桌一椅一檯燈即可。桌上放一疊書，燈下是一個真實的人。聽得見自己的心跳。這時候你是你自己，你可以冷靜地審視自己，理解自己，珍惜自己，善待自己。

30^+女人的安靜獨處，不是寂寞與孤獨的自我發洩。會獨處的人才是懂生活的人。獨處有獨處的樂趣，它可以讓人內心變得充實，讓人在這個紛雜的世界中把握自己，淡泊以明志，寧靜以致遠，獨處時體味一種美麗的真實。

30+女人，應該學會享受獨處，無論生活有多困苦，我們都應該在這個喧囂的塵世中，尋找一份靜謐。在疲憊的時候，給心靈小憩的空間，讓自己做回自己。克里希那穆提在《愛與寂寞》一書中說過：只有當心靈不再以任何方式逃避直接與孤獨寂寞交流時，才會有感情，才會有愛。

30+女人，更應該懂得獨處，立於樹下，聆聽鳥鳴；立於花叢，體味花香；手捧香茗，翻閱好書；默然靜立，思緒飛揚。淺笑或是沉思，抑或是什麼也不想，靜靜地體會獨處的美好。

這個塵世已經太過擁擠，30+女人要用心靈撐開獨處的空間，堅持每天留出哪怕十分鐘安靜獨處的時間，學會尊重自己，充實自我心靈，傾聽自己內心的聲音。愛自己，才會愛生活，才會獲得內心的優雅和寧靜。雲起雲落，靜觀人生百態。

嘗試獨居的滋味

嘗試獨居，能夠讓自己更瞭解自己，也更懂得怎麼與人相處。

獨居，顧名思義，一個人住。

但似乎也並不容易，妳必須要有獨立的空間，要自己處理衣食住行的需要，並且還要處理偶然湧出的思緒紛飛。

獨居，妳可以擁有充分的安靜，妳可以跟自己說話，妳可以毫無障礙地審視內心，妳會發現自己能更認清楚自己。妳不必在乎別人的眼光，能自由自在地做所有妳喜歡的事情，更可以什麼都不做，傻傻發呆一整天。

妳會發現，這樣的妳，忽然飽滿起來、完整起來，原來除了人群中的妳，妳還有這樣可愛的一面。當身邊人來人往、久久不曾獨居時，妳似乎遺忘了那份自由、灑脫是多麼甜蜜的滋味。

妳可以隨意裝扮自己的小窩，加個小擺設，添個小盆栽，換個窗簾，或乾脆給所有傢俱挪個新位置。在這裡，妳是完全自由的，每個小小的改變，都讓妳充滿成就感。妳可以任意安排時間接待訪客，沒人再為妳設限。從獨居開始，妳就是真正的大人，必須也能夠為自己負全責。

當然，獨居確實是對個人生活自理能力的考驗。沒人再叫妳起床，沒人囑咐妳加衣服，更不會有人為妳疊被鋪床。雖然把家當成豬窩也不會有人提意見，但如果不想天天遲到，不想穿的不得體被人側目，不想總是吃外食，那就一定要學會自己打理，把衣食住行都張羅像樣。妳開始目標明確地充實和改變自己，這時妳會發現，沒有什麼是自己沒法辦到的，只要努力，妳也可以是個能幹的女人。

獨居女人，要學會排遣寂寞，不是所有思緒都能與人分享的，更沒人有義務為妳的情緒買單。一個成熟的女人，要學會善待心情，讀讀書、聽聽歌、上上網，或者乾脆出去吹吹風、跑跑步，都能讓鬱結的心情得到紓解。如果還不行，那就求助吧，真正的朋友會在妳需要的時候義無反顧地來到妳身邊。

學會對自己微笑是善待自己的第一步。每天早晨告訴自己：「今天，我真的很不錯。」每天晚上，給自己一個加油的手勢。這樣的妳，不會因獨居變得沮喪，反而會讓獨居生活因妳而變得多彩多姿。另外，獨居生活很重要的一點就是一定要注意安全，這個社會遠沒有安全到可以夜不閉戶，不想受到傷害，就該處處為自己的安全著想。

獨居並不等於離群索居，獨居女人也絕不能太安於現狀而忽略了與人交流。首先，一定要定期給父母報平安，別讓最愛妳的人過分擔心；也一定要經常和好友聚會，讓自己的生活豐富多彩起來。當然，更不能因獨居而變得孤僻，變得排斥他人，因為生活有諸多變數，如果有人走近，試著去接受，說不定這個人就是妳等了30多年、即將伴妳終生的那一個。

獨居結束，再回頭審視自己的獨居，妳會發現，因為這一段生活，妳變得更豐富、更能幹，也更能在家庭生活中扮演好自己的角色，妳將是一個更好的女人。

沒有愛好是件可怕的事

在人的生命中，愛好是一種非常強大的力量，它可以讓妳永遠充滿活力。

女人要上得廳堂、下得廚房，在家要相夫教子，出外又要頂得起半邊天，只有這樣才算得上父母的孝順女兒、丈夫的稱職妻子、兒女的合格母親，簡而言之，只有這樣才算得上一個好女人。於是，女人便在家裡家外忙得像個團團轉的陀螺，久而久之，女人就成了家庭的附屬物，被生活折磨得既可憐又可悲，活得失去了自己。在不知不覺中，女人們走向了30歲，她們不由得感歎：我活的還是我嗎，「我」到哪裡去了？尤其是當這一切成為習慣以後，沒有人會感激妳的付出，他們理所當然地接受了妳無微不至的關愛，卻從來沒有想過妳為此做出的犧牲和妳內心的真實感受。面對這一切，怎能不讓人傷心？

照照鏡子，看著鏡子中的自己，這張臉的主人也曾經是舞臺上的天鵝，也曾經在美術展覽上盡顯風采，也曾經擁有過美麗的歌喉……現在呢，多久不曾登上舞臺了，多久不曾拿起畫筆了，那把小提琴又積了多厚的灰塵啊？30歲以後，妳還有自己的愛好嗎？

人沒有愛好是一件很可怕的事情。不要以為家庭就是妳的一切，兒女就是妳的生命，事業就是妳的全部，除了這些，妳還是妳自己，獨一無二的自己！沒有了自我的人，還有魅力可言嗎？30歲以後，女人要養成一種愛好，哪怕是逛街購物，哪怕是上網寫部落格，哪怕是烹飪美食，只要是妳發自內心的要求、發自內心的喜好就可以。

30歲以後，女人已然結束了少女時代那些蓬勃的稚氣與夢想，開始了成熟女人的理想與追求。這個時候不要想著依賴誰，也不要把妳的生活重心放在別人身上，妳要明白，在這個世界上最愛妳的人只有妳自己。培養一種愛好，用心去體會，那時收入妳眼底的都是美，認真品味其中的樂趣，可沁人心扉。

愛好沒有貴賤高低之分，彈琴、弈棋、讀書、繪畫固然優雅，種花、聊天、旅遊、健身也不失為樂事，只要是妳內心的需求，只要是妳真心地喜歡，那就已經足夠。哪怕是在清晨的公園裡聽小鳥與風歡唱，午後在田間小路上欣賞路邊的野花，黃昏時數一數那落日餘暉下的樹影，也可以讓人體會到「精鶩八極，心游萬仞」的境界。

30歲以後，女人要養成一種愛好，這愛好可以讓妳感受到快樂、充實、幸福、喜悅，可以讓妳的生活充滿陽光與色彩，可以讓妳變得更加美麗並且魅力四射，這些來自於妳心底的愉悅，來自於妳由裡向外散發出的氣質。

30歲以後，當妳擁有了自己的愛好，妳會發現，曾經不經意而流逝的歲月，正在天邊散發著耀眼的光芒。

「樂，是自我的！」

忘記，才可以找到真正的、純粹的快樂。

30歲以後，多數女人都已為人妻、為人母，成為家庭的重要角色。這時候，多數女人已習慣於將生活重心轉移到丈夫、孩子身上，在她們的心理空間中，「我」已經被擠壓到很小很小，甚至是可以忽略的一角。

然後，慢慢妳會發現，談話的時候，自己不再是中心，甚至變得多餘。別人的話題自己插不進嘴，原來不知不覺間妳已經「OUT」了，有些女人開始不平衡，「我」為他們付出那麼多，他們怎麼能這樣對「我」？

也有些女人，一直沒遇到相守終身的人，又或者因種種原因而重新恢復單身，她們有不錯的外表、性格和能力，本可活得快樂，但因為身邊太多人的關注，影響了原本的好心情。關注本是好意，但過於頻繁、迫切，便成了壓力。

女人如花，一個快樂的女人，就像一朵豔麗的花，在哪裡都會受到矚目。沒有人有理由處處照顧妳的心情，年過三十的妳，更應該學會自己找樂子。

找樂子有很多方式，聽歌、下棋、跳舞、健身，隨便哪一種，都能愉悅身心。有不會找樂子的人嗎？那麼，妳不妨參考以下幾種方法：

適當社交。試著與一度疏遠的閨中密友恢復聯繫，那些只有妳們瞭解的趣事，可以讓妳笑得特別開心；參加一些同學會之類的活動，看那些曾經熟悉的人們都在怎樣生活。知道不是妳一個人在為生活努力，便會打心底變得踏實；最重要的是，探望一下親人，尤其是父母。妳一直是他們最重要的人，他們真的需要和期待妳的陪伴。跟他們在一起，妳會發現自己多麼重要，他們帶給妳的快樂是那麼簡單而純粹。

旅遊也是不錯的選擇。人在路上，思想會倍感自由，任意遙想過往與將來，佐以眼前的異鄉風情，更是別有風味。好風景、好天氣，總是讓人有好心情。即使不幸遭遇不如意，能跟一群人一起經歷、一起體驗，事後想來，也未必都是壞事。

隨時隨地地做好事，哪怕只是舉手之勞。「予人玫瑰，手有餘香」，付出永遠比得到快樂。做的事可能很小，但在這個過程中，那種被需要的感覺，會讓自己感動。人其實一直都期待著被認同、被需要，那何不主動去做，每天做一點點力所能及的善事，成全他人，也娛樂自己。

投入園藝。這絕對是件低投入、高回報的事情。不必在乎什麼品種，重要的是花兒好養活。天氣暖、心煩無聊時，一盆盆搬出來，噴噴水、鬆鬆土，看一片片綠葉慢慢舒展，像是一張張感恩的笑臉，讓妳的心情也變得大好。它們不會鬧脾氣、耍小任性，只要一點水分、陽光，便會回報妳一片盎然、一室清新。

閱讀絕對是開闊視野、紓解壓力的最佳途徑。通過閱讀，妳面對的是形形色色的人，他們嬉笑怒罵，都那麼坦然地展現在妳的面前；通過閱讀，妳的壞情緒得到紓解，心胸變得開闊，快樂便自然如影隨形了。

抽空健身。不必進昂貴的健身房，也不必限定形式。每天抽半個小時，於某個小公園，散步、慢跑，伸伸胳膊、踢踢腿。與綠草、清風做伴，融入自然的呼吸，本身已是陶冶。心情好，自是百病不侵；健康身心，自會樂趣無窮。

找樂子其實是一種心態，是有意識地讓自己的心情好一點，更好一點。等妳習慣了隨時保持好心情時，就會發現：快樂隨時隨地，就像夏日午後的陽光，俯拾皆是。一個快樂的女人，本身就是發光體，會讓妳身邊深愛和愛妳的人，感覺溫暖和明亮。

追求一種與愛情、婚姻、男人、事業無關的信仰

對於我們來說，生活中必須有，也應該有某種人生信仰，它偶爾用一句話、一場夢、一種表情或一個事件向我們傳遞一種令人振奮的消息。

——蒙哥馬利

30歲以後，女人的生活往往歸於平淡，生活中要嘛是老公和孩子，要嘛是柴米油鹽醬醋茶，要麼是家長裡短，安逸的同時難免歸於單調和乏味。周圍的世界再也引不起那好奇的雙眼，一種莫名的疲憊往往會充溢全

身。為什麼會這樣呢？是什麼讓妳憂傷，是什麼束縛了妳的靈魂？剝去緊裹在身上的軀殼吧，去呼吸一下外面新鮮的空氣。

30^{+}女人，應該去追求一種信仰，這信仰與愛情、婚姻、男人、事業無關，不管是佛教、基督教，還是天主教、伊斯蘭教，抑或是其他的追求，比如做慈善事業、寫寫文章，或者是聽聽音樂等，找一個超脫俗世凡塵的崇高信仰，可以幫助我們克服人生的諸多困難，擺脫生活的諸多煩惱。虔誠的信仰不但可以洗滌肉體，還可以淨化靈魂。

30^{+}女人，應該有屬於自己的愛好，比如說可以寫寫文章，讓充滿性靈的文字流暢在筆下，那對人生的領悟，對自然的敬畏，就如一滴一滴山間的清泉輕叩心靈的扉門，升騰然後墜落，叮咚的音樂就是它的聆聽。還可以參加戶外運動，比如旅遊、登山、溜冰等，抑或聽聽音樂……凡此種種，在這些活動中，我們獲得的不僅僅是感官上的滿足，更是心靈上的愉悅。

時常參加一些慈善公益活動，資助有困難的人，做做義工，不僅是對社會、他人的幫助，更是對自己靈魂的淨化，在幫助他人的同時自己的心靈也得到了昇華。

30^+女人是美麗的，因內斂而美，因自信而美，有著女人成熟的亮麗，有著為人母的愛心，悠然沉穩，是任何年齡層的女人無法媲美的。無論從哪一個角度來講，30^+女人都可稱得上是精緻的女人，如果30^+女人再有了自己的崇高信仰，相信沒有誰可以超越！

夏目漱石說過：「人生二十而知有生的利益，二十五而知有明之處必有暗，至於三十的今日，更知明多之處暗亦多，歡濃之時愁亦重。」30^+女人，更能體悟到人生的境味，更可以安於生活的平凡簡單。在繁花似錦的季節，讓30^+女人多一點自在，擁有一份信仰，就如那深谷的芝蘭，靜靜地開放，留下一片清新的芬芳。

30^+女人，體味著生活的靜謐和平和，品味著內心的清淨和簡單，身在世俗卻不為世俗羈絆，有時間就看看好書，聽聽音樂，隨意閒遊，或者與三五好友八卦人生，生活中最平常不過的小事，也可以成為幸福。願30^+女人似花之明媚、花之豔麗、花之靜美，在人生的晴空裡，再一次綻放自己的風采。因為信仰，因為夢想，30⁺女人可以踩著這方寸土，邁向前進！

與同性朋友保持友好的關係

得不到友誼的人將是終身可憐的孤獨者，沒有友情的社會則只是一片繁華的沙漠。

——英國哲學家，培根

無論是生活中還是工作中，女人都缺少不了同性朋友。我們大多稱為「姐妹淘」，或者是一個很有趣的統稱叫「閨密」，即閨中密友。她們沒事喜歡湊在一起，為好朋友出謀劃策或者聊聊八卦新聞。無論話題是什麼，總有說不完的話。

30^{+}女人，雖然各自都有各自的生活，同性朋友之間的聯繫也可能相對較少，不會像以前一樣無論做什麼事情都會膩在一起，但是，同性朋友仍是女人生活中不可缺少的一部分，就像菜餚中的調味料，所需雖然不多，但是缺少了它，菜餚就會食之無味。

30^+女人比以前更成熟，思想上也更趨於理智，這時的她們更需要同性朋友。30^+女人總有著各種壓力和煩惱，這種微妙的心事可能在異性朋友那裡需要費勁口舌才能被理解，但是同性朋友只需要一個簡單的眼神就可以明白；30^+女人喜歡嘮叨，而同性朋友是最好的聽眾，並且她們能夠對女人的嘮叨快速做出反應，而異性朋友一般難以忍受；30^+女人與同性朋友之間，更容易找到共同的話題，交流起來更輕鬆自然。

但是，異性相吸，同性相斥。女性間的友誼像一塊透明的水晶，純美、光亮，卻易碎。因此，30歲以後，女人要學會與同性朋友保持友好的關係。

30歲以後，女人要懂得發現和欣賞同性朋友的優點。朋友間友誼的基礎就是「彼此欣賞」，懂得發現和欣賞妳的同性朋友的優點，才會打心眼裡喜歡她，願意接近她，彼此的吸引和走近才有了基礎。

30歲以後，女人對待朋友要寬容，不要因為朋友一點微小的錯誤就斤斤計較。要知道，人在生活中難免不犯錯誤，犯錯誤、有過失就會給他人或自己造成傷害，而寬容則是人與人之間的潤滑劑，可濃可淡、亦剛亦柔，能伸縮自如地把相互間的矛盾減小到最低程度。

30歲以後，女人要注意尊重朋友隱私，形式上保持一定距離。妳和朋友都需要保持一個獨立的生活空間，不要以為妳們是好朋友，她的一切隱私你都有權知曉、過問、干預。否則就憤憤不平：憑什麼瞞著我？女朋友的私生活，如果她願意說，妳就聽，並為之保密；如果她不願說，就不要瞎打聽，好奇心太重會使對方害怕妳，因而畏而遠之。

沒有同性朋友的女人是孤獨的，因為沒有人分享自己的快樂，沒有人傾聽自己的煩惱，工作失意也沒有人來安慰……這樣的天空是灰色的。30+女人，無論是戀愛還是結婚，都不能疏遠自己的同性朋友，妳一定可以從自己的同性朋友那裡得到更多的甜蜜和快樂。

試想一下，相交一兩個知心好友，由二三十歲風華正茂一直到兩鬢斑白，即使滿臉都是皺紋，仍然相知相惜，談起過往不約而同開懷大笑。這難道不是世界上最幸福的一件事嗎？

選擇朋友就是選擇命運

你寧可獨自一人，沒有朋友，也千萬不能與庸俗卑劣的人為伍。
——牛津大學教授，格林伍德

有這樣一句話：女人身邊沒有朋友，她會發瘋的。作為感性動物的代表，在成長過程中，女人最不能缺少的就是朋友了。煩惱時可以盡情傾訴，快樂時可以一起分享；猶豫不定時可以商量一下，闊步前進時可以獲得鼓勵；閒暇時一起去逛逛街，忙碌時彼此安慰一聲。

朋友是我們一生的財富，但是，30^{+}女人，身上有著生活、家庭、事業的各種壓力，這個時候，就需要學會選擇自己的朋友，否則妳的人生將會被拖入泥沼。古語說：「近朱者赤，近墨者黑。」這個道理從古至今一直適用，強調了朋友對每個人的影響巨大。朋友應該是志趣相投的人，有句話說：「道不同，不相為謀。」所以說，朋友應該能彼此促進，互相鼓勵，在品德和事業上互相影響。一個人的觀念與工作都或多或少地受到朋友的影響。因此，有人說：選擇朋友就是選擇命運。

牛津大學的格林伍德教授曾經對年輕人有過這樣的忠告：「你寧可獨自一人，沒有朋友，也千萬不能與庸俗卑劣的人為伍。」如果妳身邊有脾氣暴躁的朋友，她很可能會影響到妳的決定，做出盲目的選擇，要知道，憤怒的燃燒，只有壞處，沒有益處，盲目的激情很可能造成永遠無法追回的後果；如果妳身邊有心懷鬼胎的朋友，她內心有所企圖，卻裝出一副善良面孔，對妳極其熱情，如果妳交到了這種朋友，那麼妳就是給自己套上了枷鎖，如果妳不付出慘痛的代價，這個朋友是不會放過妳的。

30歲以後，女人一生如果能交上幾個好朋友，在生活中會得到許多幫助。何筱麗是一位非常普通的女推銷員，她沒有人際關係，也不知道如何建立，更不懂得如何與形形色色的人打交道。一個偶然的機會，她認識了方嘉嫵，並跟她成為了無話不談的好朋友。方嘉嫵是他們推銷業內的奇蹟，她創造了在短短一年內從普通推銷員成長為銷售經理的晉升奇蹟。在與方嘉嫵的接觸中，一切都很順利，她們互相討論工作，並一起進步成長，何筱麗的事業迎來一個嶄新的局面，成績連連刷新。

有位名人這樣說過：「我想讓青年們時常與比自己優秀的人一起行動，無論是在學問方面還是生活方面，這對青年們來說是受益匪淺的。」的確，優秀的人身上有許多值得參考和學習的地方，如果與這樣的人長期接觸，妳就會發現自己在潛移默化中也具備了許多出類拔萃的地方。這個道理很簡單，如果選擇與品行高潔的人為朋友，那麼自己的靈魂將會得到淨化；如果選擇與博學多才的人為朋友，自己也會將知識放在第一位；如果選擇與道德高尚的人為朋友，自己的心靈也會灑滿陽光。

30歲以後，女人沒有了更多的時間去嘗試錯誤，因此，選擇朋友千萬要慎重。要知道，如果選擇了促使自己不斷努力的朋友，也就選擇了一種樂觀向上的生活。反之，如果結交了不思進取、消極萎靡的朋友，自己就會安於現狀，不思進取，隨遇而安。甚至，如果選擇了互相利用、以功利為目的的朋友，可能會吃大虧。現實生活中，因為選錯朋友而摔跟斗的人不在少數。

30歲以後，女人不妨抓緊時間仔細地分析一下自己的朋友圈子，是不是魚龍混雜、良莠不齊？趕緊做一個篩選吧，留下那些對妳有幫助的，疏遠那些可能將不良影響帶給妳的人。更要在以後的日子裡，慎重地結交朋友，只有這樣，平凡的人生才會擁有彩虹。

世界永遠屬於精彩活著的人

精彩是由自己演繹的。

30歲以後，容貌漸衰，心態漸老，世界似乎也變得灰暗起來。兒時的夢想離我們越來越遠，少年的追求也變成了喟然一歎。年過三十，歲月掩去了身上的光華，順天應命又束縛了多少人的光彩。其實不然，女人過了30歲，正是人生中最美麗的時刻。此時此刻，無論是在心理成熟度上，還是在個人修養上，都處於人生最美好的時刻。妳的生活是否能夠精彩，完全取決於妳的視角。妳願意讓自己的生活變得更加絢爛嗎，妳願意成為世界的英豪嗎？那麼，就請妳學會精彩！

30歲以後，對於女人來說，芳華漸衰並不可怕，可怕的僅僅是那越來越老的心態。年過三十，作為女人既要學會坦然接受一切，又要學會積極挑戰一切。精彩地活著，才是人生的最大目標。也許有人會說：「都這個年齡了，我的生活中早就忘記了激情的存在，早就過了打扮的年齡。」可是，妳可曾想過，任由歲月的痕跡印在自己的臉上，任由那曾經躁動的年輕的心早早地失去，難道不是女人的遺憾嗎？妳當真心甘情願去做所謂的賢妻良母？妳當真不嫉妒那些看上去比自己年輕的女人？當妳嘴上蠻不在乎時，妳的心態真的是平衡的？我們無法阻擋歲月在我們的身上刻下明顯的痕跡，可是我們卻可以掌控自己的心態，永遠保持年輕！

其實，世界上的許多事只需要妳換一種方式去思考，就可以得到不同的結果。不要認為出風頭只是屬於小女孩的專利，年過三十的妳早已失去了人生的舞臺。當所有的目光與燈光都聚焦在妳身上，熱烈的掌聲為妳響起的時候，妳就會感覺到，30^{+}女人真好，30^{+}女人也同樣可以精彩！

30歲以後，女人就要學會精彩。妳要明白許多的事都必須好好把握，因為機會稍縱即逝。只要心中有信念，那麼世界就永遠是美麗的。我們不要早早地被冠上「黃臉婆」的稱號，更不要看自己老公那越來越不在乎甚至嫌惡的眼光。年過三十，作為女人更應該明白，只有自己懂得愛自己，才可能讓別人來愛妳；只有我們自己活得精彩了，才可能獲得欽羨的眼光。

30歲以後，女人真的應該學會精彩地生活。這既是在為自己負責，也是在為別人負責。記得有本書上有這樣一段話：如果妳給了人生一個微笑，那麼人生也會還給妳一個微笑；如果妳給了人生一個痛苦，那麼人生也會給妳一個痛苦。所有的事物都是矛盾而一致的，當皺紋爬上我們美麗的臉龐時，妳的個人修養、生活閱歷也在不斷地提升，快樂與痛苦就是一對孿生兄弟，我們為什麼要盯著不如意的那一面呢？想一想，上天對女人是何等的優待，30歲以前的嬌媚容顏，30歲以後的優雅成熟，女人有什麼理由放棄精彩呢？

世界永遠屬於精彩活著的人！30歲以後的妳，世界屬於妳嗎？

女人30⁺活出幸福的女王人生

作　　者　亦　清

發 行 人　林敬彬
主　　編　楊安瑜
責任編輯　陳亮均
助理編輯　黃亭維
美術編排　于長煦（帛格有限公司）
封面設計　洪祥閔

出　　版　大都會文化事業有限公司
發　　行　大都會文化事業有限公司
11051台北市信義區基隆路一段432號4樓之9
讀者服務專線：(02)27235216
讀者服務傳真：(02)27235220
電子郵件信箱：metro@ms21.hinet.net
網　　址：www.metrobook.com.tw

郵政劃撥　14050529 大都會文化事業有限公司
出版日期　2013年6月初版一刷
定　　價　250元
I S B N　978-986-6152-78-8
書　　號　Growth-057

國家圖書館出版品預行編目資料

女人30⁺活出幸福的女王人生 / 亦清著. -- 初版. --
臺北市：大都會文化, 2013.06
256 面；21×14.8 公分. -- (Growth057)

ISBN 978-986-6152-78-8（平裝）

1.生活指導　2.女性

177.2　　102008770

大都會文化 讀者服務卡

書名：**女人30⁺活出幸福的女王人生**

謝謝您選擇了這本書！期待您的支持與建議，讓我們能有更多聯繫與互動的機會。

A. 您在何時購得本書：_____年_____月_____日

B. 您在何處購得本書：__________書店，位於__________(市、縣)

C. 您從哪裡得知本書的消息：

1.□書店 2.□報章雜誌 3.□電台活動 4.□網路資訊

5.□書籤宣傳品等 6.□親友介紹 7.□書評 8.□其他

D. 您購買本書的動機：（可複選）

1.□對主題或內容感興趣 2.□工作需要 3.□生活需要

4.□自我進修 5.□內容為流行熱門話題 6.□其他

E. 您最喜歡本書的：（可複選）

1.□內容題材 2.□字體大小 3.□翻譯文筆 4.□封面 5.□編排方式 6.□其他

F. 您認為本書的封面：1.□非常出色 2.□普通 3.□毫不起眼 4.□其他

G. 您認為本書的編排：1.□非常出色 2.□普通 3.□毫不起眼 4.□其他

H. 您通常以哪些方式購書：(可複選)

1.□逛書店 2.□書展 3.□劃撥郵購 4.□團體訂購 5.□網路購書 6.□其他

I. 您希望我們出版哪類書籍：（可複選）

1.□旅遊 2.□流行文化 3.□生活休閒 4.□美容保養 5.□散文小品

6.□科學新知 7.□藝術音樂 8.□致富理財 9.□工商企管 10.□科幻推理

11.□史地類 12.□勵志傳記 13.□電影小說 14.□語言學習（____語）

15.□幽默諧趣 16.□其他

J. 您對本書(系)的建議：

____

K. 您對本出版社的建議：

____

讀者小檔案

姓名：__________ 性別：□男 □女 生日：____年____月____日

年齡：□20歲以下 □21～30歲 □31～40歲 □41～50歲 □51歲以上

職業：1.□學生 2.□軍公教 3.□大眾傳播 4.□服務業 5.□金融業 6.□製造業

7.□資訊業 8.□自由業 9.□家管 10.□退休 11.□其他

學歷：□國小或以下 □國中 □高中／高職 □大學／大專 □研究所以上

通訊地址：______________________________

電話：（H）__________（O）__________ 傳真：__________

行動電話：__________E-Mail：________________

◎謝謝您購買本書，也歡迎您加入我們的會員，請上大都會文化網站 www.metrobook.com.tw 登錄您的資料。您將不定期收到最新圖書優惠資訊和電子報。

女人30+活出幸福的女王人生

北區郵政管理局
登記證北台字第9125號
免貼郵票

大都會文化事業有限公司
讀者服務部 收

11051台北市基隆路一段432號4樓之9

寄回這張服務卡〔免貼郵票〕
您可以：
◎不定期收到最新出版訊息
◎參加各項回饋優惠活動

大都會文化
METROPOLITAN CULTURE

大都會文化
METROPOLITAN CULTURE

大都會文化
METROPOLITAN CULTURE

大都會文化
METROPOLITAN CULTURE